I0176459

SPAANS
WOORDENSCHAT

NEDERLANDS
SPAANS

De meest bruikbare woorden
Om uw woordenschat uit te breiden en
uw taalvaardigheid aan te scherpen

3000 woorden

Thematische woordenschat Nederlands-Spaans - 3000 woorden

Door Andrey Taranov

Woordenlijsten van T&P Books zijn bedoeld om u woorden van een vreemde taal te helpen leren, onthouden, en bestudering. Dit woordenboek is ingedeeld in thema's en behandelt alle belangrijk terreinen van het dagelijkse leven, bedrijven, wetenschap, cultuur, etc.

Het proces van het leren van woorden met behulp van de op thema's gebaseerde aanpak van T&P Books biedt u de volgende voordelen:

- Correct gegroepeerde informatie is bepalend voor succes bij opeenvolgende stadia van het leren van woorden
- De beschikbaarheid van woorden die van dezelfde stam zijn maakt het mogelijk om woordgroepen te onthouden (in plaats van losse woorden)
- Kleine groepen van woorden faciliteren het proces van het aanmaken van associatieve verbindingen, die nodig zijn bij het consolideren van de woordenschat
- Het niveau van talenkennis kan worden ingeschat door het aantal geleerde woorden

T&P Books Publishing
www.tpbooks.com

Dit boek is ook beschikbaar in e-boek formaat.
Gelieve www.tpbooks.com te bezoeken of de belangrijkste online boekwinkels.

SPAANSE WOORDENSCHAT
nieuwe woorden leren

T&P Books woordenlijsten zijn bedoeld om u te helpen vreemde woorden te leren, te onthouden, en te bestuderen. De woordenschat bevat meer dan 3000 veel gebruikte woorden die thematisch geordend zijn.

- De woordenlijst bevat de meest gebruikte woorden
- Aanbevolen als aanvulling bij welke taalcursus dan ook
- Voldoet aan de behoeften van de beginnende en gevorderde student in vreemde talen
- Geschikt voor dagelijks gebruik, bestudering en zelftestactiviteiten
- Maakt het mogelijk om uw woordenschat te evalueren

Bijzondere kenmerken van de woordenschat

- De woorden zijn gerangschikt naar hun betekenis, niet volgens alfabet
- De woorden worden weergegeven in drie kolommen om bestudering en zelftesten te vergemakkelijken
- Woorden in groepen worden verdeeld in kleine blokken om het leerproces te vergemakkelijken
- De woordenschat biedt een handige en eenvoudige beschrijving van elk buitenlands woord

De woordenschat bevat 101 onderwerpen zoals:

Basisconcepten, getallen, kleuren, maanden, seizoenen, meeteenheden, kleding en accessoires, eten & voeding, restaurant, familieleden, verwanten, karakter, gevoelens, emoties, ziekten, stad, dorp, bezienswaardigheden, winkelen, geld, huis, thuis, kantoor, werken op kantoor, import & export, marketing, werk zoeken, sport, onderwijs, computer, internet, gereedschap, natuur, landen, nationaliteiten en meer ...

INHOUDSOPGAVE

UITSPRAAKGIDS	8
AFKORTINGEN	9

BASISBEGRIPPEN		11
1.	Voornaamwoorden	11
2.	Begroetingen. Begroetingen	11
3.	Vragen	12
4.	Voorzetsels	12
5.	Functiewoorden. Bijwoorden. Deel 1	13
6.	Functiewoorden. Bijwoorden. Deel 2	14

GETALLEN. DIVERSEN		16
7.	Kardinale getallen. Deel 1	16
8.	Kardinale getallen. Deel 2	17
9.	Ordinale getallen	17

KLEUREN. MEETEENHEDEN		18
10.	Kleuren	18
11.	Meeteenheden	18
12.	Containers	19

BELANGRIJKSTE WERKWOORDEN		21
13.	De belangrijkste werkwoorden. Deel 1	21
14.	De belangrijkste werkwoorden. Deel 2	22
15.	De belangrijkste werkwoorden. Deel 3	22
16.	De belangrijkste werkwoorden. Deel 4	23

TIJD. KALENDER		25
17.	Dagen van de week	25
18.	Uren. Dag en nacht	25
19.	Maanden. Seizoenen	26

REIZEN. HOTEL   29

20. Trip. Reizen   29
21. Hotel   29
22. Bezienswaardigheden   30

VERVOER   32

23. Vliegveld   32
24. Vliegtuig   33
25. Trein   33
26. Schip   35

STAD   37

27. Stedelijk vervoer   37
28. Stad. Het leven in de stad   38
29. Stedelijke instellingen   39
30. Borden   40
31. Winkelen   41

KLEDING EN ACCESSOIRES   43

32. Bovenkleding. Jassen   43
33. Heren & dames kleding   43
34. Kleding. Ondergoed   44
35. Hoofddeksels   44
36. Schoeisel   44
37. Persoonlijke accessoires   45
38. Kleding. Diversen   45
39. Persoonlijke verzorging. Schoonheidsmiddelen   46
40. Horloges. Klokken   47

ALLEDAAGSE ERVARING   48

41. Geld   48
42. Post. Postkantoor   49
43. Bankieren   49
44. Telefoon. Telefoongesprek   50
45. Mobiele telefoon   51
46. Schrijfbehoeften   51
47. Vreemde talen   52

MAALTIJDEN. RESTAURANT   54

48. Tafelschikking   54
49. Restaurant   54
50. Maaltijden   54
51. Bereide gerechten   55
52. Voedsel   56

53. Drankjes 58
54. Groenten 59
55. Vruchten. Noten 60
56. Brood. Snoep 60
57. Kruiden 61

PERSOONLIJKE INFORMATIE. FAMILIE 62

58. Persoonlijke informatie. Formulieren 62
59. Familieleden. Verwanten 62
60. Vrienden. Collega's 63

MENSELIJK LICHAAM. GENEESKUNDE 65

61. Hoofd 65
62. Menselijk lichaam 66
63. Ziekten 66
64. Symptomen. Behandelingen. Deel 1 68
65. Symptomen. Behandelingen. Deel 2 69
66. Symptomen. Behandelingen. Deel 3 70
67. Geneeskunde. Medicijnen. Accessoires 70

APPARTEMENT 72

68. Appartement 72
69. Meubels. Interieur 72
70. Beddengoed 73
71. Keuken 73
72. Badkamer 74
73. Huishoudelijke apparaten 75

DE AARDE. WEER 76

74. De kosmische ruimte 76
75. De Aarde 77
76. Windrichtingen 77
77. Zee. Oceaan 78
78. Namen van zeeën en oceanen 79
79. Bergen 80
80. Bergen namen 81
81. Rivieren 81
82. Namen van rivieren 82
83. Bos 82
84. Natuurlijke hulpbronnen 83
85. Weer 84
86. Zwaar weer. Natuurrampen 85

FAUNA 87

87. Zoogdieren. Roofdieren 87
88. Wilde dieren 87

89. Huisdieren 88
90. Vogels 89
91. Vis. Zeedieren 91
92. Amfibieën. Reptielen 91
93. Insecten 92

FLORA 93

94. Bomen 93
95. Heesters 93
96. Vruchten. Bessen 94
97. Bloemen. Planten 95
98. Granen, graankorrels 96

LANDEN VAN DE WERELD 97

99. Landen. Deel 1 97
100. Landen. Deel 2 98
101. Landen. Deel 3 98

UITSPRAAKGIDS

T&P fonetisch alfabet	Spaans voorbeeld	Nederlands voorbeeld
[a]	grado	acht
[e]	mermelada	delen, spreken
[i]	física	bidden, tint
[o]	tomo	overeenkomst
[u]	cubierta	hoed, doe
[b]	baño, volar	hebben
[β]	abeja	wang
[d]	dicho	Dank u, honderd
[ð]	tirada	Stemhebbende dentaal, Engels - there
[f]	flauta	feestdag, informeren
[dʒ]	azerbaidzhano	jeans, jungle
[g]	gorro	goal, tango
[ɣ]	negro	liegen, gaan
[j]	botella	New York, januari
[k]	tabaco	kennen, kleur
[l]	arqueólogo	delen, luchter
[lʲ]	novela	biljart
[m]	mosaico	morgen, etmaal
[m̩]	confitura	nasale [m]
[n]	camino	nemen, zonder
[ŋ]	blanco	optelling, jongeman
[p]	zapatero	parallel, koper
[r]	sabroso	roepen, breken
[s]	asesor	spreken, kosten
[θ]	lápiz	Stemloze dentaal, Engels - thank you
[t]	estatua	tomaat, taart
[tʃ]	lechuza	Tsjechië, cello
[v]	Kiev	beloven, schrijven
[x]	dirigir	licht, school
[z]	esgrima	zeven, zesde
[ʃ]	sheriff	shampoo, machine
[w]	whisky	twee, willen
[']	[re'loχ]	hoofdklemtoon
[·]	[aβre·'lʲatas]	hoge punt

AFKORTINGEN
gebruikt in de woordenschat

Nederlandse afkortingen

abn	-	als bijvoeglijk naamwoord
bijv.	-	bijvoorbeeld
bn	-	bijvoeglijk naamwoord
bw	-	bijwoord
enk.	-	enkelvoud
enz.	-	enzovoort
form.	-	formele taal
inform.	-	informele taal
mann.	-	mannelijk
mil.	-	militair
mv.	-	meervoud
on.ww.	-	onovergankelijk werkwoord
ontelb.	-	ontelbaar
ov.	-	over
ov.ww.	-	overgankelijk werkwoord
telb.	-	telbaar
vn	-	voornaamwoord
vrouw.	-	vrouwelijk
vw	-	voegwoord
vz	-	voorzetsel
wisk.	-	wiskunde
ww	-	werkwoord

Nederlandse artikelen

de	-	gemeenschappelijk geslacht
de/het	-	gemeenschappelijk geslacht, onzijdig
het	-	onzijdig

Spaans afkortingen

adj	-	bijvoeglijk naamwoord
adv	-	bijwoord
f	-	vrouwelijk zelfstandig naamwoord
f pl	-	vrouwelijk meervoud
fam.	-	informele taal

m	-	mannelijk zelfstandig naamwoord
m pl	-	mannelijk meervoud
m, f	-	mannelijk, vrouwelijk
n	-	onzijdig
pl	-	meervoud
v aux	-	hulp werkwoord
vi	-	onovergankelijk werkwoord
vi, vt	-	onovergankelijk, overgankelijk werkwoord
vr	-	reflexief werkwoord
vt	-	overgankelijk werkwoord

BASISBEGRIPPEN

1. Voornaamwoorden

ik	yo	[jo]
jij, je	tú	[tu]
hij	él	[elʲ]
zij, ze	ella	['eja]
wij, we (mann.)	nosotros	[no'sotros]
wij, we (vrouw.)	nosotras	[no'sotras]
jullie (mann.)	vosotros	[bo'sotros]
jullie (vrouw.)	vosotras	[bo'sotras]
U (form., enk.)	Usted	[us'teð]
U (form., mv.)	Ustedes	[us'teðes]
zij, ze (mann.)	ellos	['ejos]
zij, ze (vrouw.)	ellas	['ejas]

2. Begroetingen. Begroetingen

Hallo! Dag!	¡Hola!	['olʲa]
Hallo!	¡Hola!	['olʲa]
Goedemorgen!	¡Buenos días!	['buenos 'dias]
Goedemiddag!	¡Buenas tardes!	['buenas 'tarðes]
Goedenavond!	¡Buenas noches!	['buenas 'notʃes]
gedag zeggen (groeten)	decir hola	[de'θir 'olʲa]
Hoi!	¡Hola!	['olʲa]
groeten (het)	saludo (m)	[sa'lʲuðo]
verwelkomen (ww)	saludar (vt)	[salʲu'ðar]
Hoe gaat het?	¿Cómo estás?	['komo es'tas]
Is er nog nieuws?	¿Qué hay de nuevo?	[ke aj de nu'eβo]
Tot snel! Tot ziens!	¡Hasta pronto!	['asta 'pronto]
Vaarwel!	¡Adiós!	[a'ðjos]
afscheid nemen (ww)	despedirse (vr)	[despe'ðirse]
Tot kijk!	¡Hasta luego!	['asta lʲu'ego]
Dank u!	¡Gracias!	['graθias]
Dank u wel!	¡Muchas gracias!	['mutʃas 'graθias]
Graag gedaan	De nada	[de 'naða]
Geen dank!	No hay de qué	[no aj de 'ke]
Geen moeite.	De nada	[de 'naða]
Excuseer me, ... (inform.)	¡Disculpa!	[dis'kulʲpa]
Excuseer me, ... (form.)	¡Disculpe!	[dis'kulʲpe]
excuseren (verontschuldigen)	disculpar (vt)	[diskulʲ'par]

zich verontschuldigen	disculparse (vr)	[diskulⁱ'parse]
Mijn excuses.	Mis disculpas	[mis dis'kulⁱpas]
Het spijt me!	¡Perdóneme!	[per'ðoneme]
vergeven (ww)	perdonar (vt)	[perðo'nar]
Maakt niet uit!	¡No pasa nada!	[no 'pasa 'naða]
alsjeblieft	por favor	[por fa'βor]
Vergeet het niet!	¡No se le olvide!	[no se le olⁱ'βiðe]
Natuurlijk!	¡Ciertamente!	[θjerta'mento]
Natuurlijk niet!	¡Claro que no!	['klⁱaro ke 'no]
Akkoord!	¡De acuerdo!	[de aku'erðo]
Zo is het genoeg!	¡Basta!	['basta]

3. Vragen

Wie?	¿Quién?	['kjen]
Wat?	¿Qué?	[ke]
Waar?	¿Dónde?	['donde]
Waarheen?	¿Adónde?	[a'ðonde]
Waarvandaan?	¿De dónde?	[de 'donde]
Wanneer?	¿Cuándo?	[ku'ando]
Waarom?	¿Para qué?	[para 'ke]
Waarom?	¿Por qué?	[por 'ke]
Waarvoor dan ook?	¿Por qué razón?	[por ke ra'θon]
Hoe?	¿Cómo?	['komo]
Wat voor ...?	¿Qué?	[ke]
Welk?	¿Cuál?	[ku'alⁱ]
Aan wie?	¿A quién?	[a 'kjen]
Over wie?	¿De quién?	[de 'kjen]
Waarover?	¿De qué?	[de 'ke]
Met wie?	¿Con quién?	[kon 'kjen]
Hoeveel?	¿Cuánto?	[ku'anto]
Van wie? (mann.)	¿De quién?	[de 'kjen]

4. Voorzetsels

met (bijv. ~ beleg)	con ...	[kon]
zonder (~ accent)	sin	[sin]
naar (in de richting van)	a ...	[a]
over (praten ~)	de ..., sobre ...	[de], ['soβre]
voor (in tijd)	antes de ...	['antes de]
voor (aan de voorkant)	delante de ...	[de'lⁱante de]
onder (lager dan)	debajo	[de'βaχo]
boven (hoger dan)	sobre ..., encima de ...	['soβre], [en'θima de]
op (bovenop)	en ..., sobre ...	[en], ['soβre]
van (uit, afkomstig van)	de ...	[de]
van (gemaakt van)	de ...	[de]
over (bijv. ~ een uur)	dentro de ...	['dentro de]
over (over de bovenkant)	encima de ...	[en'θima de]

5. Functiewoorden. Bijwoorden. Deel 1

Waar?	¿Dónde?	['donde]
hier (bw)	aquí (adv)	[a'ki]
daar (bw)	allí (adv)	[a'ji]

ergens (bw)	en alguna parte	[en alʲ'guna 'parte]
nergens (bw)	en ninguna parte	[en nin'guna 'parte]

bij ... (in de buurt)	junto a ...	['χunto a]
bij het raam	junto a la ventana	['χunto a lʲa ben'tana]

Waarheen?	¿Adónde?	[a'ðonde]
hierheen (bw)	aquí (adv)	[a'ki]
daarheen (bw)	allí (adv)	[a'ji]
hiervandaan (bw)	de aquí (adv)	[de a'ki]
daarvandaan (bw)	de allí (adv)	[de a'ji]

dichtbij (bw)	cerca	['θerka]
ver (bw)	lejos (adv)	['leχos]

in de buurt (van ...)	cerca de ...	['θerka de]
dichtbij (bw)	al lado de ...	[alʲ 'lʲaðo de]
niet ver (bw)	no lejos (adv)	[no 'leχos]

linker (bn)	izquierdo (adj)	[iθ'kjerðo]
links (bw)	a la izquierda	[a lʲa iθ'kjerða]
linksaf, naar links (bw)	a la izquierda	[a lʲa iθ'kjerða]

rechter (bn)	derecho (adj)	[de'retʃo]
rechts (bw)	a la derecha	[a lʲa de'retʃa]
rechtsaf, naar rechts (bw)	a la derecha	[a lʲa de'retʃa]

vooraan (bw)	delante	[de'lʲante]
voorste (bn)	delantero (adj)	[delʲan'tero]
vooruit (bw)	adelante	[aðe'lʲante]

achter (bw)	detrás de ...	[de'tras de]
van achteren (bw)	desde atrás	['desðe a'tras]
achteruit (naar achteren)	atrás	[a'tras]

midden (het)	centro (m), medio (m)	['θentro], ['meðio]
in het midden (bw)	en medio (adv)	[en 'meðio]

opzij (bw)	de lado (adv)	[de 'lʲaðo]
overal (bw)	en todas partes	[en 'toðas 'partes]
omheen (bw)	alrededor (adv)	[alʲreðe'ðor]

binnenuit (bw)	de dentro (adv)	[de 'dentro]
naar ergens (bw)	a alguna parte	[a alʲ'guna 'parte]
rechtdoor (bw)	todo derecho (adv)	['toðo de'retʃo]
terug (bijv. ~ komen)	atrás	[a'tras]
ergens vandaan (bw)	de alguna parte	[de alʲ'guna 'parte]
ergens vandaan (en dit geld moet ~ komen)	de alguna parte	[de alʲ'guna 'parte]

ten eerste (bw)	primero (adv)	[pri'mero]
ten tweede (bw)	segundo (adv)	[se'gundo]
ten derde (bw)	tercero (adv)	[ter'θero]

plotseling (bw)	de súbito (adv)	[de 'suβito]
in het begin (bw)	al principio (adv)	[alʲ prin'θipio]
voor de eerste keer (bw)	por primera vez	[por pri'mera beθ]
lang voor ... (bw)	mucho tiempo antes ...	['muʧo 'tjempo 'antes]
opnieuw (bw)	de nuevo (adv)	[de nu'eβo]
voor eeuwig (bw)	para siempre (adv)	['para 'sjempre]

nooit (bw)	nunca (adv)	['nuŋka]
weer (bw)	de nuevo (adv)	[de nu'eβo]
nu (bw)	ahora (adv)	[a'ora]
vaak (bw)	frecuentemente (adv)	[frekuente'mente]
toen (bw)	entonces (adv)	[en'tonθes]
urgent (bw)	urgentemente	[urχente'mente]
meestal (bw)	usualmente (adv)	[usualʲ'mente]

trouwens, ... (tussen haakjes)	a propósito, ...	[a pro'posito]
mogelijk (bw)	es probable	[es pro'βaβle]
waarschijnlijk (bw)	probablemente	[proβaβle'mente]
misschien (bw)	tal vez	[talʲ beθ]
trouwens (bw)	además ...	[aðe'mas]
daarom ...	por eso ...	[por 'eso]
in weerwil van ...	a pesar de ...	[a pe'sar de]
dankzij ...	gracias a ...	['graθias a]

wat (vn)	qué	[ke]
dat (vw)	que	[ke]
iets (vn)	algo	['alʲgo]
iets	algo	['alʲgo]
niets (vn)	nada (f)	['naða]

wie (~ is daar?)	quien	[kjen]
iemand (een onbekende)	alguien	['alʲgjen]
iemand (een bepaald persoon)	alguien	['alʲgjen]

niemand (vn)	nadie	['naðje]
nergens (bw)	a ninguna parte	[a nin'guna 'parte]
niemands (bn)	de nadie	[de 'naðje]
iemands (bn)	de alguien	[de 'alʲgjen]

zo (Ik ben ~ blij)	tan, tanto (adv)	[tan], ['tanto]
ook (evenals)	también	[tam'bjen]
alsook (eveneens)	también	[tam'bjen]

6. Functiewoorden. Bijwoorden. Deel 2

Waarom?	¿Por qué?	[por 'ke]
om een bepaalde reden	por alguna razón	[por alʲ'guna ra'θon]
omdat ...	porque ...	['porke]

voor een bepaald doel	por cualquier razón (adv)	[por kualʲ'kjer ra'θon]
en (vw)	y	[i]
of (vw)	o	[o]
maar (vw)	pero	['pero]
voor (vz)	para	['para]

te (~ veel mensen)	demasiado (adv)	[dema'sjaðo]
alleen (bw)	sólo, solamente (adv)	['solʲo], [solʲa'mente]
precies (bw)	exactamente (adv)	[eksakta'mente]
ongeveer (~ 10 kg)	cerca de ...	['θerka de]

omstreeks (bw)	aproximadamente	[aproksimaða'mente]
bij benadering (bn)	aproximado (adj)	[aproksi'maðo]
bijna (bw)	casi (adv)	['kasi]
rest (de)	resto (m)	['resto]

de andere (tweede)	el otro (adj)	[elʲ 'otro]
ander (bn)	otro (adj)	['otro]
elk (bn)	cada (adj)	['kaða]
om het even welk	cualquier (adj)	[kualʲ'kjer]
veel (grote hoeveelheid)	mucho (adv)	['muʧo]
veel mensen	mucha gente	['muʧa 'xente]
iedereen (alle personen)	todos	['toðos]

in ruil voor ...	a cambio de ...	[a 'kambjo de]
in ruil (bw)	en cambio (adv)	[en 'kambio]
met de hand (bw)	a mano	[a 'mano]
onwaarschijnlijk (bw)	poco probable	['poko pro'βaβle]

waarschijnlijk (bw)	probablemente	[proβaβle'mente]
met opzet (bw)	a propósito (adv)	[a pro'posito]
toevallig (bw)	por accidente (adv)	[por akθi'ðente]

zeer (bw)	muy (adv)	['muj]
bijvoorbeeld (bw)	por ejemplo (adv)	[por e'xemplʲo]
tussen (~ twee steden)	entre	['entre]
tussen (te midden van)	entre	['entre]
zoveel (bw)	tanto	['tanto]
vooral (bw)	especialmente (adv)	[espeθjalʲi'mente]

GETALLEN. DIVERSEN

7. Kardinale getallen. Deel 1

nul	cero	['θero]
een	uno	['uno]
twee	dos	[dos]
drie	tres	[tres]
vier	cuatro	[ku'atro]
vijf	cinco	['θiŋko]
zes	seis	['sejs]
zeven	siete	['sjete]
acht	ocho	['otʃo]
negen	nueve	[nu'eβe]
tien	diez	[djeθ]
elf	once	['onθe]
twaalf	doce	['doθe]
dertien	trece	['treθe]
veertien	catorce	[ka'torθe]
vijftien	quince	['kinθe]
zestien	dieciséis	['djeθi·'sejs]
zeventien	diecisiete	['djeθi·'sjete]
achttien	dieciocho	['djeθi·'otʃo]
negentien	diecinueve	['djeθi·nu'eβe]
twintig	veinte	['bejnte]
eenentwintig	veintiuno	['bejnti·'uno]
tweeëntwintig	veintidós	['bejnti·'dos]
drieëntwintig	veintitrés	['bejnti·'tres]
dertig	treinta	['trejnta]
eenendertig	treinta y uno	['trejnta i 'uno]
tweeëndertig	treinta y dos	['trejnta i 'dos]
drieëndertig	treinta y tres	['trejnta i 'tres]
veertig	cuarenta	[kua'renta]
eenenveertig	cuarenta y uno	[kua'renta i 'uno]
tweeënveertig	cuarenta y dos	[kua'renta i 'dos]
drieënveertig	cuarenta y tres	[kua'renta i 'tres]
vijftig	cincuenta	[θiŋku'enta]
eenenvijftig	cincuenta y uno	[θiŋku'enta i 'uno]
tweeënvijftig	cincuenta y dos	[θiŋku'enta i 'dos]
drieënvijftig	cincuenta y tres	[θiŋku'enta i 'tres]
zestig	sesenta	[se'senta]
eenenzestig	sesenta y uno	[se'senta i 'uno]

tweeënzestig	**sesenta y dos**	[se'senta i 'dos]
drieënzestig	**sesenta y tres**	[se'senta i 'tres]
zeventig	**setenta**	[se'tenta]
eenenzeventig	**setenta y uno**	[se'tenta i 'uno]
tweeënzeventig	**setenta y dos**	[se'tenta i 'dos]
drieënzeventig	**setenta y tres**	[se'tenta i 'tres]
tachtig	**ochenta**	[o'ʧenta]
eenentachtig	**ochenta y uno**	[o'ʧenta i 'uno]
tweeëntachtig	**ochenta y dos**	[o'ʧenta i 'dos]
drieëntachtig	**ochenta y tres**	[o'ʧenta i 'tres]
negentig	**noventa**	[no'βenta]
eenennegentig	**noventa y uno**	[no'βenta i 'uno]
tweeënnegentig	**noventa y dos**	[no'βenta i 'dos]
drieënnegentig	**noventa y tres**	[no'βenta i 'tres]

8. Kardinale getallen. Deel 2

honderd	**cien**	[θjen]
tweehonderd	**doscientos**	[doθ·'θjentos]
driehonderd	**trescientos**	[treθ·'θjentos]
vierhonderd	**cuatrocientos**	[ku'atro·'θjentos]
vijfhonderd	**quinientos**	[ki'njentos]
zeshonderd	**seiscientos**	[sejs·'θjentos]
zevenhonderd	**setecientos**	[θete·'θjentos]
achthonderd	**ochocientos**	[oʧo·'θjentos]
negenhonderd	**novecientos**	[noβe·'θjentos]
duizend	**mil**	[milʲ]
tweeduizend	**dos mil**	[dos 'milʲ]
drieduizend	**tres mil**	[tres 'milʲ]
tienduizend	**diez mil**	[djeθ 'milʲ]
honderdduizend	**cien mil**	[θjen 'milʲ]
miljoen (het)	**millón** (m)	[mi'jon]
miljard (het)	**mil millones**	[milʲ mi'jones]

9. Ordinale getallen

eerste (bn)	**primero** (adj)	[pri'mero]
tweede (bn)	**segundo** (adj)	[se'gundo]
derde (bn)	**tercero** (adj)	[ter'θero]
vierde (bn)	**cuarto** (adj)	[ku'arto]
vijfde (bn)	**quinto** (adj)	['kinto]
zesde (bn)	**sexto** (adj)	['seksto]
zevende (bn)	**séptimo** (adj)	['septimo]
achtste (bn)	**octavo** (adj)	[ok'taβo]
negende (bn)	**noveno** (adj)	[no'βeno]
tiende (bn)	**décimo** (adj)	['deθimo]

KLEUREN. MEETEENHEDEN

10. Kleuren

kleur (de)	color (m)	[ko'lʲor]
tint (de)	matiz (m)	[ma'tiθ]
kleurnuance (de)	tono (m)	['tono]
regenboog (de)	arco (m) iris	['arko 'iris]

wit (bn)	blanco (adj)	['blʲaŋko]
zwart (bn)	negro (adj)	['neɣro]
grijs (bn)	gris (adj)	['gris]

groen (bn)	verde (adj)	['berðe]
geel (bn)	amarillo (adj)	[ama'rijo]
rood (bn)	rojo (adj)	['roχo]

blauw (bn)	azul (adj)	[a'θulʲ]
lichtblauw (bn)	azul claro (adj)	[a'θulʲ 'klʲaro]
roze (bn)	rosa (adj)	['rosa]
oranje (bn)	naranja (adj)	[na'ranχa]
violet (bn)	violeta (adj)	[bio'leta]
bruin (bn)	marrón (adj)	[ma'ron]

goud (bn)	dorado (adj)	[do'raðo]
zilverkleurig (bn)	argentado (adj)	[arχen'taðo]

beige (bn)	beige (adj)	['bejʒ]
roomkleurig (bn)	crema (adj)	['krema]
turkoois (bn)	turquesa (adj)	[tur'kesa]
kersrood (bn)	rojo cereza (adj)	['roχo θe're θa]
lila (bn)	lila (adj)	['lilʲa]
karmijnrood (bn)	carmesí (adj)	[karme'si]

licht (bn)	claro (adj)	['klʲaro]
donker (bn)	oscuro (adj)	[os'kuro]
fel (bn)	vivo (adj)	['biβo]

kleur-, kleurig (bn)	de color (adj)	[de ko'lʲor]
kleuren- (abn)	en colores (adj)	[en ko'lʲores]
zwart-wit (bn)	blanco y negro (adj)	['blʲaŋko i 'neɣro]
eenkleurig (bn)	unicolor (adj)	[uniko'lʲor]
veelkleurig (bn)	multicolor (adj)	[mulʲtiko'lʲor]

11. Meeteenheden

gewicht (het)	peso (m)	['peso]
lengte (de)	longitud (f)	[lʲonχi'tuð]

breedte (de)	anchura (f)	[an'tʃura]
hoogte (de)	altura (f)	[alʲ'tura]
diepte (de)	profundidad (f)	[profundi'ðað]
volume (het)	volumen (m)	[bo'lʲumen]
oppervlakte (de)	área (f)	['area]

gram (het)	gramo (m)	['gramo]
milligram (het)	miligramo (m)	[mili'ɣramo]
kilogram (het)	kilogramo (m)	[kilʲo'ɣramo]
ton (duizend kilo)	tonelada (f)	[tone'lʲaða]
pond (het)	libra (f)	['liβra]
ons (het)	onza (f)	['onθa]

meter (de)	metro (m)	['metro]
millimeter (de)	milímetro (m)	[mi'limetro]
centímeter (de)	centímetro (m)	[θen'timetro]
kilometer (de)	kilómetro (m)	[ki'lʲometro]
mijl (de)	milla (f)	['mija]

duim (de)	pulgada (f)	[pulʲ'gaða]
voet (de)	pie (m)	[pje]
yard (de)	yarda (f)	['jarða]

| vierkante meter (de) | metro (m) cuadrado | ['metro kua'ðraðo] |
| hectare (de) | hectárea (f) | [ek'tarea] |

liter (de)	litro (m)	['litro]
graad (de)	grado (m)	['graðo]
volt (de)	voltio (m)	['bolʲtio]
ampère (de)	amperio (m)	[am'perio]
paardenkracht (de)	caballo (m) de fuerza	[ka'βajo de fu'erθa]

hoeveelheid (de)	cantidad (f)	[kanti'ðað]
een beetje ...	un poco de ...	[un 'poko de]
helft (de)	mitad (f)	[mi'tað]
dozijn (het)	docena (f)	[do'θena]
stuk (het)	pieza (f)	['pjeθa]

| afmeting (de) | dimensión (f) | [dimen'sjon] |
| schaal (bijv. ~ van 1 op 50) | escala (f) | [es'kalʲa] |

minimaal (bn)	mínimo (adj)	['minimo]
minste (bn)	el más pequeño (adj)	[elʲ mas pe'kenjo]
medium (bn)	medio (adj)	['meðio]
maximaal (bn)	máximo (adj)	['maksimo]
grootste (bn)	el más grande (adj)	[elʲ 'mas 'grande]

12. Containers

glazen pot (de)	tarro (m) de vidrio	['taro de 'biðrio]
blik (conserven~)	lata (f)	['lʲata]
emmer (de)	cubo (m)	['kuβo]
ton (bijv. regenton)	barril (m)	[ba'rilʲ]
ronde waterbak (de)	palangana (f)	[palʲan'gana]

tank (bijv. watertank-70-ltr)	tanque (m)	['taŋke]
heupfles (de)	petaca (f)	[pe'taka]
jerrycan (de)	bidón (m) de gasolina	[bi'ðon de gaso'lina]
tank (bijv. ketelwagen)	cisterna (f)	[θis'terna]
beker (de)	taza (f)	['taθa]
kopje (het)	taza (f)	['taθa]
schoteltje (het)	platillo (m)	[plʲa'tijo]
glas (het)	vaso (m)	['baso]
wijnglas (het)	copa (f) de vino	['kopa de 'bino]
pan (de)	olla (f)	['oja]
fles (de)	botella (f)	[bo'teja]
flessenhals (de)	cuello (m) de botella	[ku'ejo de bo'teja]
karaf (de)	garrafa (f)	[ga'rafa]
kruik (de)	jarro (m)	['χaro]
vat (het)	recipiente (m)	[reθi'pjente]
pot (de)	tarro (m)	['taro]
vaas (de)	florero (m)	[flʲo'rero]
flacon (de)	frasco (m)	['frasko]
flesje (het)	frasquito (m)	[fras'kito]
tube (bijv. ~ tandpasta)	tubo (m)	['tuβo]
zak (bijv. ~ aardappelen)	saco (m)	['sako]
tasje (het)	bolsa (f)	['bolʲsa]
pakje (~ sigaretten, enz.)	paquete (m)	[pa'kete]
doos (de)	caja (f)	['kaχa]
kist (de)	cajón (m)	[ka'χon]
mand (de)	cesta (f)	['θesta]

BELANGRIJKSTE WERKWOORDEN

13. De belangrijkste werkwoorden. Deel 1

aanbevelen (ww)	recomendar (vt)	[rekomen'dar]
aandringen (ww)	insistir (vi)	[insis'tir]
aankomen (per auto, enz.)	llegar (vi)	[je'gar]
aanraken (ww)	tocar (vt)	[to'kar]
adviseren (ww)	aconsejar (vt)	[akonse'χar]
afdalen (on.ww.)	descender (vi)	[deθen'der]
afslaan (naar rechts ~)	girar (vi)	[χi'rar]
antwoorden (ww)	responder (vi, vt)	[respon'der]
bang zijn (ww)	tener miedo	[te'ner 'mjeðo]
bedreigen	amenazar (vt)	[amena'θar]
(bijv. met een pistool)		
bedriegen (ww)	engañar (vi, vt)	[enga'njar]
beëindigen (ww)	acabar, terminar (vt)	[aka'βar], [termi'nar]
beginnen (ww)	comenzar (vi, vt)	[komen'θar]
begrijpen (ww)	comprender (vt)	[kompren'der]
beheren (managen)	dirigir (vt)	[diri'χir]
beledigen	insultar (vt)	[insulʲ'tar]
(met scheldwoorden)		
beloven (ww)	prometer (vt)	[prome'ter]
bereiden (koken)	preparar (vt)	[prepa'rar]
bespreken (spreken over)	discutir (vt)	[disku'tir]
bestellen (eten ~)	pedir (vt)	[pe'ðir]
bestraffen (een stout kind ~)	punir, castigar (vt)	[pu'nir], [kasti'gar]
betalen (vi, vt)	pagar (vi, vt)	[pa'gar]
betekenen (beduiden)	significar (vt)	[siɣnifi'kar]
betreuren (ww)	arrepentirse (vr)	[arepen'tirse]
bevallen (prettig vinden)	gustar (vi)	[gus'tar]
bevelen (mil.)	ordenar (vt)	[orðe'nar]
bevrijden (stad, enz.)	liberar (vt)	[liβe'rar]
bewaren (ww)	guardar (vt)	[guar'ðar]
bezitten (ww)	poseer (vt)	[pose'er]
bidden (praten met God)	orar (vi)	[o'rar]
binnengaan (een kamer ~)	entrar (vi)	[en'trar]
breken (ww)	quebrar (vt)	[ke'βrar]
controleren (ww)	controlar (vt)	[kontro'lʲar]
creëren (ww)	crear (vt)	[kre'ar]
deelnemen (ww)	participar (vi)	[partiθi'par]
denken (ww)	pensar (vi, vt)	[pen'sar]
doden (ww)	matar (vt)	[ma'tar]

| doen (ww) | hacer (vt) | [a'θer] |
| dorst hebben (ww) | tener sed | [te'ner 'seð] |

14. De belangrijkste werkwoorden. Deel 2

een hint geven	dar una pista	[dar 'una 'pista]
eisen (met klem vragen)	exigir (vt)	[eksi'χir]
excuseren (vergeven)	disculpar (vt)	[diskulˡ'par]
existeren (bestaan)	existir (vi)	[eksis'tir]
gaan (te voet)	ir (vi)	[ir]

gaan zitten (ww)	sentarse (vr)	[sen'tarse]
gaan zwemmen	bañarse (vr)	[ba'njarse]
geven (ww)	dar (vt)	[dar]
glimlachen (ww)	sonreír (vi)	[sonre'ir]
goed raden (ww)	adivinar (vt)	[aðiβi'nar]

grappen maken (ww)	bromear (vi)	[brome'ar]
graven (ww)	cavar (vt)	[ka'βar]
hebben (ww)	tener (vt)	[te'ner]
helpen (ww)	ayudar (vt)	[aju'ðar]
herhalen (opnieuw zeggen)	repetir (vt)	[repe'tir]
honger hebben (ww)	tener hambre	[te'ner 'ambre]

hopen (ww)	esperar (vi)	[espe'rar]
horen	oír (vt)	[o'ir]
(waarnemen met het oor)		
huilen (wenen)	llorar (vi)	[jo'rar]
huren (huis, kamer)	alquilar (vt)	[alˡki'lˡar]
informeren (informatie geven)	informar (vt)	[iɱfor'mar]
instemmen (akkoord gaan)	estar de acuerdo	[es'tar de aku'erðo]
jagen (ww)	cazar (vi, vt)	[ka'θar]
kennen (kennis hebben	conocer (vt)	[kono'θer]
van iemand)		
kiezen (ww)	escoger (vt)	[esko'χer]
klagen (ww)	quejarse (vr)	[ke'χarse]

kosten (ww)	costar (vt)	[kos'tar]
kunnen (ww)	poder (v aux)	[po'ðer]
lachen (ww)	reírse (vr)	[re'irse]
laten vallen (ww)	dejar caer	[de'χar ka'er]
lezen (ww)	leer (vi, vt)	[le'er]

liefhebben (ww)	querer, amar (vt)	[ke'rer], [a'mar]
lunchen (ww)	almorzar (vi)	[alˡmor'θar]
nemen (ww)	tomar (vt)	[to'mar]
nodig zijn (ww)	ser necesario	[ser neθe'sario]

15. De belangrijkste werkwoorden. Deel 3

| onderschatten (ww) | subestimar (vt) | [suβesti'mar] |
| ondertekenen (ww) | firmar (vt) | [fir'mar] |

ontbijten (ww)	desayunar (vi)	[desaju'nar]
openen (ww)	abrir (vt)	[a'βrir]
ophouden (ww)	cesar (vt)	[θe'sar]
opmerken (zien)	percibir (vt)	[perθi'βir]

opscheppen (ww)	jactarse, alabarse (vr)	[xas'tarse], [alʲa'βarse]
opschrijven (ww)	tomar nota	[to'mar 'nota]
plannen (ww)	planear (vt)	[plʲane'ar]
prefereren (verkiezen)	preferir (vt)	[prefe'rir]
proberen (trachten)	probar, tentar (vt)	[pro'βar], [ten'tar]
redden (ww)	salvar (vt)	[salʲ'βar]

rekenen op ...	contar con ...	[kon'tar kon]
rennen (ww)	correr (vi)	[ko'rer]
reserveren (een hotelkamer ~)	reservar (vt)	[reser'βar]
roepen (om hulp)	llamar (vt)	[ja'mar]
schieten (ww)	tirar, disparar (vi)	[ti'rar], [dispa'rar]
schreeuwen (ww)	gritar (vi)	[gri'tar]

schrijven (ww)	escribir (vt)	[eskri'βir]
souperen (ww)	cenar (vi)	[θe'nar]
spelen (kinderen)	jugar (vi)	[xu'gar]
spreken (ww)	hablar (vi, vt)	[a'βlʲar]
stelen (ww)	robar (vt)	[ro'βar]
stoppen (pauzeren)	pararse (vr)	[pa'rarse]

studeren (Nederlands ~)	estudiar (vt)	[estu'ðjar]
sturen (zenden)	enviar (vt)	[em'bjar]
tellen (optellen)	contar (vt)	[kon'tar]
toebehoren aan ...	pertenecer a ...	[pertene'θer a]
toestaan (ww)	permitir (vt)	[permi'tir]
tonen (ww)	mostrar (vt)	[mos'trar]

twijfelen (onzeker zijn)	dudar (vt)	[du'ðar]
uitgaan (ww)	salir (vi)	[sa'lir]
uitnodigen (ww)	invitar (vt)	[imbi'tar]
uitspreken (ww)	pronunciar (vt)	[pronun'θjar]
uitvaren tegen (ww)	regañar, reprender (vt)	[rega'njar], [repren'der]

16. De belangrijkste werkwoorden. Deel 4

vallen (ww)	caer (vi)	[ka'er]
vangen (ww)	coger (vt)	[ko'xer]
veranderen (anders maken)	cambiar (vt)	[kam'bjar]
verbaasd zijn (ww)	sorprenderse (vr)	[sorpren'derse]
verbergen (ww)	esconder (vt)	[eskon'der]

verdedigen (je land ~)	defender (vt)	[defen'der]
verenigen (ww)	unir (vt)	[u'nir]
vergelijken (ww)	comparar (vt)	[kompa'rar]
vergeten (ww)	olvidar (vt)	[olʲβi'ðar]
vergeven (ww)	perdonar (vt)	[perðo'nar]
verklaren (uitleggen)	explicar (vt)	[ekspli'kar]

verkopen (per stuk ~)	vender (vt)	[ben'der]
vermelden (praten over)	mencionar (vt)	[menθjo'nar]
versieren (decoreren)	decorar (vt)	[deko'rar]
vertalen (ww)	traducir (vt)	[traðu'θir]

vertrouwen (ww)	confiar (vt)	[koɱ'fjar]
vervolgen (ww)	continuar (vt)	[kontinu'ar]
verwarren (met elkaar ~)	confundir (vt)	[koɱfun'dir]
verzoeken (ww)	pedir (vt)	[pe'ðir]
verzuimen (school, enz.)	faltar a ...	[falʲ'tar a]

vinden (ww)	encontrar (vt)	[eŋkon'trar]
vliegen (ww)	volar (vi)	[bo'lʲar]
volgen (ww)	seguir ...	[se'gir]
voorstellen (ww)	proponer (vt)	[propo'ner]
voorzien (verwachten)	prever (vt)	[pre'βer]
vragen (ww)	preguntar (vt)	[pregun'tar]

waarnemen (ww)	observar (vt)	[oβser'βar]
waarschuwen (ww)	advertir (vt)	[aðβer'tir]
wachten (ww)	esperar (vt)	[espe'rar]
weerspreken (ww)	objetar (vt)	[oβχe'tar]
weigeren (ww)	negarse (vr)	[ne'garse]

werken (ww)	trabajar (vi)	[traβa'χar]
weten (ww)	saber (vt)	[sa'βer]
willen (verlangen)	querer (vt)	[ke'rer]
zeggen (ww)	decir (vt)	[de'θir]
zich haasten (ww)	tener prisa	[te'ner 'prisa]

zich interesseren voor ...	interesarse (vr)	[intere'sarse]
zich vergissen (ww)	equivocarse (vr)	[ekiβo'karse]
zien (ww)	ver (vt)	[ber]
zijn (leraar ~)	ser (vi)	[ser]

zijn (op dieet ~)	estar (vi)	[es'tar]
zijn (ww)	ser, estar (vi)	[ser], [es'tar]
zoeken (ww)	buscar (vt)	[bus'kar]
zwemmen (ww)	nadar (vi)	[na'ðar]
zwijgen (ww)	callarse (vr)	[ka'jarse]

TIJD. KALENDER

17. Dagen van de week

maandag (de)	lunes (m)	['ljunes]
dinsdag (de)	martes (m)	['martes]
woensdag (de)	miércoles (m)	['mjerkoles]
donderdag (de)	jueves (m)	[χu'eβes]
vrijdag (de)	viernes (m)	['bjernes]
zaterdag (de)	sábado (m)	['saβaðo]
zondag (de)	domingo (m)	[do'mingo]

vandaag (bw)	hoy (adv)	[oj]
morgen (bw)	mañana (adv)	[ma'njana]
overmorgen (bw)	pasado mañana	[pa'saðo ma'njana]
gisteren (bw)	ayer (adv)	[a'jer]
eergisteren (bw)	anteayer (adv)	[ante·a'jer]

dag (de)	día (m)	['dia]
werkdag (de)	día (m) de trabajo	['dia de tra'βaχo]
feestdag (de)	día (m) de fiesta	['dia de 'fjesta]
verlofdag (de)	día (m) de descanso	['dia de des'kanso]
weekend (het)	fin (m) de semana	['fin de se'mana]

de hele dag (bw)	todo el día	['toðo elj 'dia]
de volgende dag (bw)	al día siguiente	[alj 'dia si'gjente]
twee dagen geleden	dos días atrás	[dos 'dias a'tras]
aan de vooravond (bw)	en vísperas (adv)	[en 'bisperas]
dag-, dagelijks (bn)	diario (adj)	['djario]
elke dag (bw)	cada día (adv)	['kaða 'dia]

week (de)	semana (f)	[se'mana]
vorige week (bw)	semana (f) pasada	[se'mana pa'saða]
volgende week (bw)	semana (f) que viene	[se'mana ke 'bjene]
wekelijks (bn)	semanal (adj)	[sema'nalj]
elke week (bw)	cada semana (adv)	['kaða se'mana]
twee keer per week	dos veces por semana	[dos 'beθes por se'mana]
elke dinsdag	todos los martes	['toðos los 'martes]

18. Uren. Dag en nacht

morgen (de)	mañana (f)	[ma'njana]
's morgens (bw)	por la mañana	[por lja ma'njana]
middag (de)	mediodía (m)	['meðjo'ðia]
's middags (bw)	por la tarde	[por lja 'tarðe]

avond (de)	noche (f)	['notʃe]
's avonds (bw)	por la noche	[por lja 'notʃe]

nacht (de)	noche (f)	['notʃe]
's nachts (bw)	por la noche	[por ʎa 'notʃe]
middernacht (de)	medianoche (f)	['meðia'notʃe]

seconde (de)	segundo (m)	[se'gundo]
minuut (de)	minuto (m)	[mi'nuto]
uur (het)	hora (f)	['ora]
halfuur (het)	media hora (f)	['meðia 'ora]
kwartier (het)	cuarto (m) de hora	[ku'arto de 'ora]
vijftien minuten	quince minutos	['kinθe mi'nutos]
etmaal (het)	veinticuatro horas	['bejti·ku'atro 'oras]

zonsopgang (de)	salida (f) del sol	[sa'liða deʎ 'soʎ]
dageraad (de)	amanecer (m)	[amane'θer]
vroege morgen (de)	madrugada (f)	[maðru'gaða]
zonsondergang (de)	puesta (f) del sol	[pu'esta deʎ 'soʎ]

's morgens vroeg (bw)	de madrugada	[de maðru'gaða]
vanmorgen (bw)	esta mañana	['esta ma'njana]
morgenochtend (bw)	mañana por la mañana	[ma'njana por ʎa ma'njana]

vanmiddag (bw)	esta tarde	['esta 'tarðe]
's middags (bw)	por la tarde	[por ʎa 'tarðe]
morgenmiddag (bw)	mañana por la tarde	[ma'njana por ʎa 'tarðe]

| vanavond (bw) | esta noche | ['esta 'notʃe] |
| morgenavond (bw) | mañana por la noche | [ma'njana por ʎa 'notʃe] |

klokslag drie uur	a las tres en punto	[a ʎas 'tres en 'punto]
ongeveer vier uur	a eso de las cuatro	[a 'eso de ʎas ku'atro]
tegen twaalf uur	para las doce	['para ʎas 'doθe]

over twintig minuten	dentro de veinte minutos	['dentro de 'bejnte mi'nutos]
over een uur	dentro de una hora	['dentro de 'una 'ora]
op tijd (bw)	a tiempo (adv)	[a 'tjempo]

kwart voor ...	... menos cuarto	['menos ku'arto]
binnen een uur	durante una hora	[du'rante 'una 'ora]
elk kwartier	cada quince minutos	['kaða 'kinθe mi'nutos]
de klok rond	día y noche	['dia i 'notʃe]

19. Maanden. Seizoenen

januari (de)	enero (m)	[e'nero]
februari (de)	febrero (m)	[fe'βrero]
maart (de)	marzo (m)	['marθo]
april (de)	abril (m)	[a'βriʎ]
mei (de)	mayo (m)	['majo]
juni (de)	junio (m)	['χunio]

juli (de)	julio (m)	['χulio]
augustus (de)	agosto (m)	[a'gosto]
september (de)	septiembre (m)	[sep'tjembre]
oktober (de)	octubre (m)	[ok'tuβre]

november (de)	noviembre (m)	[no'βjembre]
december (de)	diciembre (m)	[di'θjembre]
lente (de)	primavera (f)	[prima'βera]
in de lente (bw)	en primavera	[en prima'βera]
lente- (abn)	de primavera (adj)	[de prima'βera]
zomer (de)	verano (m)	[be'rano]
in de zomer (bw)	en verano	[em be'rano]
zomer-, zomers (bn)	de verano (adj)	[de be'rano]
herfst (de)	otoño (m)	[o'tonjo]
in de herfst (bw)	en otoño	[en o'tonjo]
herfst- (abn)	de otoño (adj)	[de o'tonjo]
winter (de)	invierno (m)	[im'bjerno]
in de winter (bw)	en invierno	[en im'bjerno]
winter- (abn)	de invierno (adj)	[de im'bjerno]
maand (de)	mes (m)	[mes]
deze maand (bw)	este mes	['este 'mes]
volgende maand (bw)	al mes siguiente	[alʲ 'mes si'gjente]
vorige maand (bw)	el mes pasado	[elʲ 'mes pa'saðo]
een maand geleden (bw)	hace un mes	['aθe un 'mes]
over een maand (bw)	dentro de un mes	['dentro de un mes]
over twee maanden (bw)	dentro de dos meses	['dentro de dos 'meses]
de hele maand (bw)	todo el mes	['toðo elʲ 'mes]
een volle maand (bw)	todo un mes	['toðo un 'mes]
maand-, maandelijks (bn)	mensual (adj)	[mensu'alʲ]
maandelijks (bw)	mensualmente (adv)	[mensualʲ'mente]
elke maand (bw)	cada mes	['kaða 'mes]
twee keer per maand	dos veces por mes	[dos 'beθes por 'mes]
jaar (het)	año (m)	['anjo]
dit jaar (bw)	este año	['este 'anjo]
volgend jaar (bw)	el próximo año	[elʲ 'proksimo 'anjo]
vorig jaar (bw)	el año pasado	[elʲ 'anjo pa'saðo]
een jaar geleden (bw)	hace un año	['aθe un 'anjo]
over een jaar	dentro de un año	['dentro de un 'anjo]
over twee jaar	dentro de dos años	['dentro de dos 'anjos]
het hele jaar	todo el año	['toðo elʲ 'anjo]
een vol jaar	todo un año	['toðo un 'anjo]
elk jaar	cada año	['kaða 'anjo]
jaar-, jaarlijks (bn)	anual (adj)	[anu'alʲ]
jaarlijks (bw)	anualmente (adv)	[anualʲ'mente]
4 keer per jaar	cuatro veces por año	[ku'atro 'beθes por 'anjo]
datum (de)	fecha (f)	['fetʃa]
datum (de)	fecha (f)	['fetʃa]
kalender (de)	calendario (m)	[kalen'dario]
een half jaar	medio año (m)	['meðjo 'anjo]
zes maanden	seis meses	['sejs 'meses]

seizoen (bijv. lente, zomer)	estación (f)	[esta'θjon]
eeuw (de)	siglo (m)	['siɣlʲo]

REIZEN. HOTEL

toerisme (het)	turismo (m)	[tu'rismo]
toerist (de)	turista (m)	[tu'rista]
reis (de)	viaje (m)	['bjaχe]
avontuur (het)	aventura (f)	[aβen'tura]
tocht (de)	viaje (m)	['bjaχe]
vakantie (de)	vacaciones (f pl)	[baka'θjones]
met vakantie zijn	estar de vacaciones	[es'tar de baka'θjones]
rust (de)	descanso (m)	[des'kanso]
trein (de)	tren (m)	['tren]
met de trein	en tren	[en 'tren]
vliegtuig (het)	avión (m)	[a'βjon]
met het vliegtuig	en avión	[en a'βjon]
met de auto	en coche	[en 'koʧe]
per schip (bw)	en barco	[en 'barko]
bagage (de)	equipaje (m)	[eki'paχe]
valies (de)	maleta (f)	[ma'leta]
bagagekarretje (het)	carrito (m) de equipaje	[ka'rito de eki'paχe]
paspoort (het)	pasaporte (m)	[pasa'porte]
visum (het)	visado (m)	[bi'saðo]
kaartje (het)	billete (m)	[bi'jete]
vliegticket (het)	billete (m) de avión	[bi'jete de a'βjon]
reisgids (de)	guía (f)	['gia]
kaart (de)	mapa (m)	['mapa]
gebied (landelijk ~)	área (f)	['area]
plaats (de)	lugar (m)	[lʲu'gar]
exotische bestemming (de)	exotismo (m)	[ekso'tismo]
exotisch (bn)	exótico (adj)	[e'ksotiko]
verwonderlijk (bn)	asombroso (adj)	[asom'broso]
groep (de)	grupo (m)	['grupo]
rondleiding (de)	excursión (f)	[eskur'θjon]
gids (de)	guía (m)	['gia]

hotel (het)	hotel (m)	[o'telʲ]
motel (het)	motel (m)	[mo'telʲ]
3-sterren	de tres estrellas	[de 'tres es'trejas]

5-sterren	de cinco estrellas	[de 'θiŋko es'trejas]
overnachten (ww)	hospedarse (vr)	[ospe'ðarse]

kamer (de)	habitación (f)	[aβita'θjon]
eenpersoonskamer (de)	habitación (f) individual	[aβita'θjon indiβiðu'alʲ]
tweepersoonskamer (de)	habitación (f) doble	[aβita'θjon 'doβle]
een kamer reserveren	reservar una habitación	[reser'βar 'una aβita'θjon]

halfpension (het)	media pensión (f)	['meðia pen'θjon]
volpension (het)	pensión (f) completa	[pen'θjon kom'pleta]

met badkamer	con baño	[kon 'banjo]
met douche	con ducha	[kon 'dutʃa]
satelliet-tv (de)	televisión (f) satélite	[teleβi'θjon sa'telite]
airconditioner (de)	climatizador (m)	[klimatiθa'ðor]
handdoek (de)	toalla (f)	[to'aja]
sleutel (de)	llave (f)	['jaβe]

administrateur (de)	administrador (m)	[aðministra'ðor]
kamermeisje (het)	camarera (f)	[kama'rera]
piccolo (de)	maletero (m)	[male'tero]
portier (de)	portero (m)	[por'tero]

restaurant (het)	restaurante (m)	[restau'rante]
bar (de)	bar (m)	[bar]
ontbijt (het)	desayuno (m)	[desa'juno]
avondeten (het)	cena (f)	['θena]
buffet (het)	buffet (m) libre	[bu'fet 'liβre]

hal (de)	vestíbulo (m)	[bes'tiβulʲo]
lift (de)	ascensor (m)	[aθen'sor]

NIET STOREN	NO MOLESTAR	[no moles'tar]
VERBODEN TE ROKEN!	PROHIBIDO FUMAR	[proi'βiðo fu'mar]

22. Bezienswaardigheden

monument (het)	monumento (m)	[monu'mento]
vesting (de)	fortaleza (f)	[forta'leθa]
paleis (het)	palacio (m)	[pa'lʲaθio]
kasteel (het)	castillo (m)	[kas'tijo]
toren (de)	torre (f)	['tore]
mausoleum (het)	mausoleo (m)	[mauso'leo]

architectuur (de)	arquitectura (f)	[arkitek'tura]
middeleeuws (bn)	medieval (adj)	[meðje'βalʲ]
oud (bn)	antiguo (adj)	[an'tiguo]
nationaal (bn)	nacional (adj)	[naθjo'nalʲ]
bekend (bn)	conocido (adj)	[kono'θiðo]

toerist (de)	turista (m)	[tu'rista]
gids (de)	guía (m)	['gia]
rondleiding (de)	excursión (f)	[eskur'θjon]
tonen (ww)	mostrar (vt)	[mos'trar]

vertellen (ww)	contar (vt)	[kon'tar]
vinden (ww)	encontrar (vt)	[eŋkon'trar]
verdwalen (de weg kwijt zijn)	perderse (vr)	[per'ðerse]
plattegrond (~ van de metro)	plano (m), mapa (m)	['plʲano], ['mapa]
plattegrond (~ van de stad)	mapa (m)	['mapa]
souvenir (het)	recuerdo (m)	[reku'erðo]
souvenirwinkel (de)	tienda (f) de regalos	['tjenda de re'galʲos]
foto's maken	hacer fotos	[a'θer 'fotos]
zich laten fotograferen	fotografiarse (vr)	[fotoɣra'fjarse]

VERVOER

23. Vliegveld

luchthaven (de)	aeropuerto (m)	[aeropu'erto]
vliegtuig (het)	avión (m)	[a'βjon]
luchtvaartmaatschappij (de)	compañía (f) aérea	[kompa'njia a'erea]
luchtverkeersleider (de)	controlador (m) aéreo	[kontrolʲa'ðor a'ereo]
vertrek (het)	despegue (m)	[des'pege]
aankomst (de)	llegada (f)	[je'gaða]
aankomen (per vliegtuig)	llegar (vi)	[je'gar]
vertrektijd (de)	hora (f) de salida	['ora de sa'liða]
aankomstuur (het)	hora (f) de llegada	['ora de je'gaða]
vertraagd zijn (ww)	retrasarse (vr)	[retra'sarse]
vluchtvertraging (de)	retraso (m) de vuelo	[re'traso de bu'elʲo]
informatiebord (het)	pantalla (f) de información	[pan'taja de iɱforma'θjon]
informatie (de)	información (f)	[iɱforma'θjon]
aankondigen (ww)	anunciar (vt)	[anun'θjar]
vlucht (bijv. KLM ~)	vuelo (m)	[bu'elʲo]
douane (de)	aduana (f)	[aðu'ana]
douanier (de)	aduanero (m)	[aðua'nero]
douaneaangifte (de)	declaración (f) de aduana	[deklʲara'θjon de aðu'ana]
een douaneaangifte invullen	rellenar la declaración	[reje'nar lʲa deklʲara'θjon]
paspoortcontrole (de)	control (m) de pasaportes	[kon'trolʲ de pasa'portes]
bagage (de)	equipaje (m)	[eki'paxe]
handbagage (de)	equipaje (m) de mano	[eki'paxe de 'mano]
bagagekarretje (het)	carrito (m) de equipaje	[ka'rito de eki'paxe]
landing (de)	aterrizaje (m)	[ateri'θaxe]
landingsbaan (de)	pista (f) de aterrizaje	['pista de ateri'θaxe]
landen (ww)	aterrizar (vi)	[ateri'θar]
vliegtuigtrap (de)	escaleras (f pl)	[eska'leras]
inchecken (het)	facturación (f), check-in (m)	[faktura'θjon], [ʧek·'in]
incheckbalie (de)	mostrador (m) de facturación	[mostra'ðor de faktura'θjon]
inchecken (ww)	hacer el check-in	[a'θer elʲ ʧek·'in]
instapkaart (de)	tarjeta (f) de embarque	[tar'xeta de em'barke]
gate (de)	puerta (f) de embarque	[pu'erta de em'barke]
transit (de)	tránsito (m)	['transito]
wachten (ww)	esperar (vt)	[espe'rar]
wachtzaal (de)	zona (f) de preembarque	['θona de preem'barke]

| begeleiden (uitwuiven) | despedir (vt) | [despe'ðir] |
| afscheid nemen (ww) | despedirse (vr) | [despe'ðirse] |

24. Vliegtuig

vliegtuig (het)	avión (m)	[a'βjon]
vliegticket (het)	billete (m) de avión	[bi'jete de a'βjon]
luchtvaartmaatschappij (de)	compañía (f) aérea	[kompa'njia a'erea]
luchthaven (de)	aeropuerto (m)	[aeropu'erto]
supersonisch (bn)	supersónico (adj)	[super'soniko]

gezagvoerder (de)	comandante (m)	[koman'dante]
bemanning (de)	tripulación (f)	[tripulʲa'θjon]
piloot (de)	piloto (m)	[pi'lʲoto]
stewardess (de)	azafata (f)	[aθa'fata]
stuurman (de)	navegador (m)	[naβega'ðor]

vleugels (mv.)	alas (f pl)	['alʲas]
staart (de)	cola (f)	['kolʲa]
cabine (de)	cabina (f)	[ka'βina]
motor (de)	motor (m)	[mo'tor]
landingsgestel (het)	tren (m) de aterrizaje	['tren de ateri'θaχe]
turbine (de)	turbina (f)	[tur'βina]
propeller (de)	hélice (f)	['eliθe]
zwarte doos (de)	caja (f) negra	['kaχa 'neɣra]
stuur (het)	timón (m)	[ti'mon]
brandstof (de)	combustible (m)	[kombus'tiβle]

veiligheidskaart (de)	instructivo (m) de seguridad	[instruk'tiβo de seguri'ðað]
zuurstofmasker (het)	respirador (m) de oxígeno	[respira'ðor de o'ksiχeno]
uniform (het)	uniforme (m)	[uni'forme]
reddingsvest (de)	chaleco (m) salvavidas	[ʧa'leko salʲβa'βiðas]
parachute (de)	paracaídas (m)	[paraka'iðas]
opstijgen (het)	despegue (m)	[des'pege]
opstijgen (ww)	despegar (vi)	[despe'gar]
startbaan (de)	pista (f) de despegue	['pista de des'pege]

zicht (het)	visibilidad (f)	[bisiβili'ðað]
vlucht (de)	vuelo (m)	[bu'elʲo]
hoogte (de)	altura (f)	[alʲ'tura]
luchtzak (de)	pozo (m) de aire	['poθo de 'aire]

plaats (de)	asiento (m)	[a'sjento]
koptelefoon (de)	auriculares (m pl)	[auriku'lʲares]
tafeltje (het)	mesita (f) plegable	[me'sita ple'gaβle]
venster (het)	ventana (f)	[ben'tana]
gangpad (het)	pasillo (m)	[pa'sijo]

25. Trein

| trein (de) | tren (m) | ['tren] |
| elektrische trein (de) | tren (m) de cercanías | ['tren de θerka'nias] |

sneltrein (de)	tren (m) rápido	['tren 'rapiðo]
diesellocomotief (de)	locomotora (f) diésel	[lʲokomo'tora 'djeselʲ]
stoomlocomotief (de)	tren (m) de vapor	['tren de ba'por]
rijtuig (het)	coche (m)	['kotʃe]
restauratierijtuig (het)	coche restaurante (m)	['kotʃe restau'rante]
rails (mv.)	rieles (m pl)	['rjeles]
spoorweg (de)	ferrocarril (m)	[feroka'rilʲ]
dwarsligger (de)	traviesa (f)	[tra'βjesa]
perron (het)	plataforma (f)	[plʲata'forma]
spoor (het)	vía (f)	['bia]
semafoor (de)	semáforo (m)	[se'maforo]
halte (bijv. kleine treinhalte)	estación (f)	[esta'θjon]
machinist (de)	maquinista (m)	[maki'nista]
kruier (de)	maletero (m)	[male'tero]
conducteur (de)	mozo (m) del vagón	['moθo delʲ ba'ɣon]
passagier (de)	pasajero (m)	[pasa'xero]
controleur (de)	revisor (m)	[reβi'sor]
gang (in een trein)	corredor (m)	[kore'ðor]
noodrem (de)	freno (m) de urgencia	['freno de ur'xenθia]
coupé (de)	compartimiento (m)	[komparti'mjento]
bed (slaapplaats)	litera (f)	[li'tera]
bovenste bed (het)	litera (f) de arriba	[li'tera de a'riβa]
onderste bed (het)	litera (f) de abajo	[li'tera de a'βaxo]
beddengoed (het)	ropa (f) de cama	['ropa de 'kama]
kaartje (het)	billete (m)	[bi'jete]
dienstregeling (de)	horario (m)	[o'rario]
informatiebord (het)	pantalla (f) de información	[pan'taja de imforma'θjon]
vertrekken	partir (vi)	[par'tir]
(De trein vertrekt ...)		
vertrek (ov. een trein)	partida (f)	[par'tiða]
aankomen (ov. de treinen)	llegar (vi)	[je'gar]
aankomst (de)	llegada (f)	[je'gaða]
aankomen per trein	llegar en tren	[je'gar en 'tren]
in de trein stappen	tomar el tren	[to'mar elʲ 'tren]
uit de trein stappen	bajar del tren	[ba'xar delʲ 'tren]
treinwrak (het)	descarrilamiento (m)	[deskarilʲa'mjento]
ontspoord zijn	descarrilarse (vr)	[deskari'lʲarse]
stoomlocomotief (de)	tren (m) de vapor	['tren de ba'por]
stoker (de)	fogonero (m)	[fogo'nero]
stookplaats (de)	hogar (m)	[o'gar]
steenkool (de)	carbón (m)	[kar'βon]

26. Schip

schip (het)	**barco, buque** (m)	['barko], ['buke]
vaartuig (het)	**navío** (m)	[na'βio]
stoomboot (de)	**buque** (m) **de vapor**	['buke de ba'por]
motorschip (het)	**motonave** (f)	[moto'naβe]
lijnschip (het)	**trasatlántico** (m)	[trasat'lʲantiko]
kruiser (de)	**crucero** (m)	[kru'θero]
jacht (het)	**yate** (m)	['jate]
sleepboot (de)	**remolcador** (m)	[remolʲka'ðor]
duwbak (de)	**barcaza** (f)	[bar'kaθa]
ferryboot (de)	**ferry** (m)	['feri]
zeilboot (de)	**velero** (m)	[be'lero]
brigantijn (de)	**bergantín** (m)	[bergan'tin]
ijsbreker (de)	**rompehielos** (m)	[rompe·'jelʲos]
duikboot (de)	**submarino** (m)	[suβma'rino]
boot (de)	**bote** (m)	['bote]
sloep (de)	**bote** (m)	['bote]
reddingssloep (de)	**bote** (m) **salvavidas**	['bote salʲβa'βiðas]
motorboot (de)	**lancha** (f) **motora**	['lʲantʃa mo'tora]
kapitein (de)	**capitán** (m)	[kapi'tan]
zeeman (de)	**marinero** (m)	[mari'nero]
matroos (de)	**marino** (m)	[ma'rino]
bemanning (de)	**tripulación** (f)	[tripulʲa'θjon]
bootsman (de)	**contramaestre** (m)	[kontrama'estre]
scheepsjongen (de)	**grumete** (m)	[gru'mete]
kok (de)	**cocinero** (m) **de abordo**	[koθi'nero de a'βorðo]
scheepsarts (de)	**médico** (m) **del buque**	['meðiko delʲ 'buke]
dek (het)	**cubierta** (f)	[ku'βjerta]
mast (de)	**mástil** (m)	['mastilʲ]
zeil (het)	**vela** (f)	['belʲa]
ruim (het)	**bodega** (f)	[bo'ðega]
voorsteven (de)	**proa** (f)	['proa]
achtersteven (de)	**popa** (f)	['popa]
roeispaan (de)	**remo** (m)	['remo]
schroef (de)	**hélice** (f)	['eliθe]
kajuit (de)	**camarote** (m)	[kama'rote]
officierskamer (de)	**sala** (f) **de oficiales**	['salʲa de ofi'θjales]
machinekamer (de)	**sala** (f) **de máquinas**	['salʲa de 'makinas]
brug (de)	**puente** (m) **de mando**	[pu'ente de 'mando]
radiokamer (de)	**sala** (f) **de radio**	['salʲa de 'raðio]
radiogolf (de)	**onda** (f)	['onda]
logboek (het)	**cuaderno** (m) **de bitácora**	[kua'ðerno de bi'takora]
verrekijker (de)	**anteojo** (m)	[ante'oχo]
klok (de)	**campana** (f)	[kam'pana]

vlag (de)	bandera (f)	[ban'dera]
kabel (de)	cabo (m)	['kaβo]
knoop (de)	nudo (m)	['nuðo]

leuning (de)	pasamano (m)	[pasa'mano]
trap (de)	pasarela (f)	[pasa'reʎa]

anker (het)	ancla (f)	['aŋkʎa]
het anker lichten	levar ancla	[le'βar 'aŋkʎa]
het anker neerlaten	echar ancla	[e'ʧar 'aŋkʎa]
ankerketting (de)	cadena (f) del ancla	[ka'ðena deʎ 'aŋkʎa]

haven (bijv. containerhaven)	puerto (m)	[pu'erto]
kaai (de)	embarcadero (m)	[embarka'ðero]
aanleggen (ww)	amarrar (vt)	[ama'rar]
wegvaren (ww)	desamarrar (vt)	[desama'rar]

reis (de)	viaje (m)	['bjaχe]
cruise (de)	crucero (m)	[kru'θero]
koers (de)	derrota (f)	[de'rota]
route (de)	itinerario (m)	[itine'rario]

vaarwater (het)	canal (m) navegable	[ka'naʎ naβe'gaβle]
zandbank (de)	bajío (m)	[ba'χio]
stranden (ww)	encallar (vi)	[eŋka'jar]

storm (de)	tempestad (f)	[tempes'tað]
signaal (het)	señal (f)	[se'njaʎ]
zinken (ov. een boot)	hundirse (vr)	[un'dirse]
Man overboord!	¡Hombre al agua!	['ombre aʎ 'agua]
SOS (noodsignaal)	SOS	['ese o 'ese]
reddingsboei (de)	aro (m) salvavidas	['aro saʎβa'βiðas]

STAD

bus, autobus (de)	autobús (m)	[auto'βus]
tram (de)	tranvía (m)	[tram'bia]
trolleybus (de)	trolebús (m)	[trole'βus]
route (de)	itinerario (m)	[itine'rario]
nummer (busnummer, enz.)	número (m)	['numero]
rijden met ...	ir en ...	[ir en]
stappen (in de bus ~)	tomar (vt)	[to'mar]
afstappen (ww)	bajar del ...	[ba'χar delʲ]
halte (de)	parada (f)	[pa'raða]
volgende halte (de)	próxima parada (f)	['proksima pa'raða]
eindpunt (het)	parada (f) final	[pa'raða fi'nalʲ]
dienstregeling (de)	horario (m)	[o'rario]
wachten (ww)	esperar (vt)	[espe'rar]
kaartje (het)	billete (m)	[bi'jete]
reiskosten (de)	precio (m) del billete	['preθjo delʲ bi'jete]
kassier (de)	cajero (m)	[ka'χero]
kaartcontrole (de)	control (m) de billetes	[kon'trolʲ de bi'jetes]
controleur (de)	revisor (m)	[rebi'sor]
te laat zijn (ww)	llegar tarde (vi)	[je'gar 'tarðe]
missen (de bus ~)	perder (vt)	[per'ðer]
zich haasten (ww)	tener prisa	[te'ner 'prisa]
taxi (de)	taxi (m)	['taksi]
taxichauffeur (de)	taxista (m)	[ta'ksista]
met de taxi (bw)	en taxi	[en 'taksi]
taxistandplaats (de)	parada (f) de taxi	[pa'raða de 'taksi]
een taxi bestellen	llamar un taxi	[ja'mar un 'taksi]
een taxi nemen	tomar un taxi	[to'mar un 'taksi]
verkeer (het)	tráfico (m)	['trafiko]
file (de)	atasco (m)	[a'tasko]
spitsuur (het)	horas (f pl) de punta	['oras de 'punta]
parkeren (on.ww.)	aparcar (vi)	[apar'kar]
parkeren (ov.ww.)	aparcar (vt)	[apar'kar]
parking (de)	aparcamiento (m)	[aparka'mjento]
metro (de)	metro (m)	['metro]
halte (bijv. kleine treinhalte)	estación (f)	[esta'θjon]
de metro nemen	ir en el metro	[ir en elʲ 'metro]
trein (de)	tren (m)	['tren]
station (treinstation)	estación (f)	[esta'θjon]

37

28. Stad. Het leven in de stad

stad (de)	ciudad (f)	[θju'ðað]
hoofdstad (de)	capital (f)	[kapi'talʲ]
dorp (het)	aldea (f)	[alʲ'ðea]
plattegrond (de)	plano (m) de la ciudad	['plʲano de lʲa θju'ðað]
centrum (ov. een stad)	centro (m) de la ciudad	['θentro de lʲa θju'ðað]
voorstad (de)	suburbio (m)	[su'βurβio]
voorstads- (abn)	suburbano (adj)	[suβur'βano]
randgemeente (de)	arrabal (m)	[ara'βalʲ]
omgeving (de)	afueras (f pl)	[afu'eras]
blok (huizenblok)	barrio (m)	['bario]
woonwijk (de)	zona (f) de viviendas	['θona de bi'βjendas]
verkeer (het)	tráfico (m)	['trafiko]
verkeerslicht (het)	semáforo (m)	[se'maforo]
openbaar vervoer (het)	transporte (m) urbano	[trans'porte ur'βano]
kruispunt (het)	cruce (m)	['kruθe]
zebrapad (oversteekplaats)	paso (m) de peatones	['paso de pea'tones]
onderdoorgang (de)	paso (m) subterráneo	['paso suβte'raneo]
oversteken (de straat ~)	cruzar (vt)	[kru'θar]
voetganger (de)	peatón (m)	[pea'ton]
trottoir (het)	acera (f)	[a'θera]
brug (de)	puente (m)	[pu'ente]
dijk (de)	muelle (m)	[mu'eje]
fontein (de)	fuente (f)	[fu'ente]
allee (de)	alameda (f)	[alʲa'meða]
park (het)	parque (m)	['parke]
boulevard (de)	bulevar (m)	[bule'βar]
plein (het)	plaza (f)	['plʲaθa]
laan (de)	avenida (f)	[aβe'niða]
straat (de)	calle (f)	['kaje]
zijstraat (de)	callejón (m)	[kaje'χon]
doodlopende straat (de)	callejón (m) sin salida	[kaje'χon sin sa'liða]
huis (het)	casa (f)	['kasa]
gebouw (het)	edificio (m)	[eði'fiθio]
wolkenkrabber (de)	rascacielos (m)	[raska'θjelʲos]
gevel (de)	fachada (f)	[fa'tʃaða]
dak (het)	techo (m)	['tetʃo]
venster (het)	ventana (f)	[ben'tana]
boog (de)	arco (m)	['arko]
pilaar (de)	columna (f)	[ko'lʲumna]
hoek (ov. een gebouw)	esquina (f)	[es'kina]
vitrine (de)	escaparate (f)	[eskapa'rate]
gevelreclame (de)	letrero (m)	[le'trero]
affiche (de/het)	cartel (m)	[kar'telʲ]
reclameposter (de)	cartel (m) publicitario	[kar'telʲ puβliθi'tario]

aanplakbord (het)	valla (f) publicitaria	['baja puβliθi'taria]
vuilnis (de/het)	basura (f)	[ba'sura]
vuilnisbak (de)	cajón (m) de basura	[ka'χon de ba'sura]
afval weggooien (ww)	tirar basura	[ti'rar ba'sura]
stortplaats (de)	basurero (m)	[basu'rero]
telefooncel (de)	cabina (f) telefónica	[ka'βina tele'fonika]
straatlicht (het)	farola (f)	[fa'rolʲa]
bank (de)	banco (m)	['baŋko]
politieagent (de)	policía (m)	[poli'θia]
politie (de)	policía (f)	[poli'θia]
zwerver (de)	mendigo (m)	[men'digo]
dakloze (de)	persona (f) sin hogar	[per'sona sin o'gar]

29. Stedelijke instellingen

winkel (de)	tienda (f)	['tjenda]
apotheek (de)	farmacia (f)	[far'maθia]
optiek (de)	óptica (f)	['optika]
winkelcentrum (het)	centro (m) comercial	['θentro komer'θjalʲ]
supermarkt (de)	supermercado (m)	[supermer'kaðo]
bakkerij (de)	panadería (f)	[panaðe'ria]
bakker (de)	panadero (m)	[pana'ðero]
banketbakkerij (de)	pastelería (f)	[pastele'ria]
kruidenier (de)	tienda (f) de comestibles	['tjenda de komes'tiβles]
slagerij (de)	carnicería (f)	[karniθe'ria]
groentewinkel (de)	verdulería (f)	[berðule'ria]
markt (de)	mercado (m)	[mer'kaðo]
koffiehuis (het)	cafetería (f)	[kafete'ria]
restaurant (het)	restaurante (m)	[restau'rante]
bar (de)	cervecería (f)	[θerβeθe'ria]
pizzeria (de)	pizzería (f)	[pitse'ria]
kapperssalon (de/het)	peluquería (f)	[pelʲuke'ria]
postkantoor (het)	oficina (f) de correos	[ofi'θina de ko'reos]
stomerij (de)	tintorería (f)	[tintore'ria]
fotostudio (de)	estudio (m) fotográfico	[es'tuðjo foto'ɣrafiko]
schoenwinkel (de)	zapatería (f)	[θapate'ria]
boekhandel (de)	librería (f)	[liβre'ria]
sportwinkel (de)	tienda (f) deportiva	['tjenda depor'tiβa]
kledingreparatie (de)	arreglos (m pl) de ropa	[a'reɣlʲos de 'ropa]
kledingverhuur (de)	alquiler (m) de ropa	[alʲki'ler de 'ropa]
videotheek (de)	videoclub (m)	[biðeo·'klʲuβ]
circus (de/het)	circo (m)	['θirko]
dierentuin (de)	zoológico (m)	[θoo'lʲoχiko]
bioscoop (de)	cine (m)	['θine]
museum (het)	museo (m)	[mu'seo]

bibliotheek (de)	biblioteca (f)	[biβlio'teka]
theater (het)	teatro (m)	[te'atro]
opera (de)	ópera (f)	['opera]
nachtclub (de)	club (m) nocturno	[kliuβ nok'turno]
casino (het)	casino (m)	[ka'sino]

moskee (de)	mezquita (f)	[meθ'kita]
synagoge (de)	sinagoga (f)	[sina'goga]
kathedraal (de)	catedral (f)	[kate'ðrali]
tempel (de)	templo (m)	['templio]
kerk (de)	iglesia (f)	[i'ɣlesia]

instituut (het)	instituto (m)	[insti'tuto]
universiteit (de)	universidad (f)	[uniβersi'ðað]
school (de)	escuela (f)	[esku'elia]

gemeentehuis (het)	prefectura (f)	[prefek'tura]
stadhuis (het)	alcaldía (f)	[alikali'ðia]
hotel (het)	hotel (m)	[o'teli]
bank (de)	banco (m)	['baŋko]

ambassade (de)	embajada (f)	[emba'χaða]
reisbureau (het)	agencia (f) de viajes	[a'χenθja de 'bjaχes]
informatieloket (het)	oficina (f) de información	[ofi'θina de iɱforma'θjon]
wisselkantoor (het)	oficina (f) de cambio	[ofi'θina de 'kambio]

metro (de)	metro (m)	['metro]
ziekenhuis (het)	hospital (m)	[ospi'tali]

benzinestation (het)	gasolinera (f)	[gasoli'nera]
parking (de)	aparcamiento (m)	[aparka'mjento]

30. Borden

gevelreclame (de)	letrero (m)	[le'trero]
opschrift (het)	cartel (m)	[kar'teli]
poster (de)	pancarta (f)	[paŋ'karta]
wegwijzer (de)	señal (m) de dirección	[se'njali de direk'θjon]
pijl (de)	flecha (f)	['fletʃa]

waarschuwing (verwittiging)	advertencia (f)	[aðβer'tenθia]
waarschuwingsbord (het)	aviso (m)	[a'βiso]
waarschuwen (ww)	advertir (vt)	[aðβer'tir]

vrije dag (de)	día (m) de descanso	['dia de des'kanso]
dienstregeling (de)	horario (m)	[o'rario]
openingsuren (mv.)	horario (m) de apertura	[o'rarjo de aper'tura]

WELKOM!	¡BIENVENIDOS!	[bjembe'niðos]
INGANG	ENTRADA	[en'traða]
UITGANG	SALIDA	[sa'liða]

DUWEN	EMPUJAR	[empu'χar]
TREKKEN	TIRAR	[ti'rar]

OPEN	**ABIERTO**	[a'βjerto]
GESLOTEN	**CERRADO**	[θe'raðo]
DAMES	**MUJERES**	[mu'χeres]
HEREN	**HOMBRES**	['ombres]
KORTING	**REBAJAS**	[re'βaχas]
UITVERKOOP	**SALDOS**	['salʲdos]
NIEUW!	**NOVEDAD**	[noβe'ðað]
GRATIS	**GRATIS**	['gratis]
PAS OP!	**¡ATENCIÓN!**	[aten'θjon]
VOLGEBOEKT	**COMPLETO**	[kom'pleto]
GERESERVEERD	**RESERVADO**	[reser'βaðo]
ADMINISTRATIE	**ADMINISTRACIÓN**	[aðministra'θjon]
ALLEEN VOOR	**SÓLO PERSONAL**	['sol?o perso'nal?
PERSONEEL	**AUTORIZADO**	autori'?a?o]
GEVAARLIJKE HOND	**CUIDADO CON EL PERRO**	[kui'ðaðo kon elʲ 'pero]
VERBODEN TE ROKEN!	**PROHIBIDO FUMAR**	[proi'βiðo fu'mar]
NIET AANRAKEN!	**NO TOCAR**	[no to'kar]
GEVAARLIJK	**PELIGROSO**	[peli'γroso]
GEVAAR	**PELIGRO**	[pe'liγro]
HOOGSPANNING	**ALTA TENSIÓN**	['alʲta ten'sjon]
VERBODEN TE ZWEMMEN	**PROHIBIDO BAÑARSE**	[proi'βiðo ba'njarse]
BUITEN GEBRUIK	**NO FUNCIONA**	[no fun'θjona]
ONTVLAMBAAR	**INFLAMABLE**	[imflʲa'maβle]
VERBODEN	**PROHIBIDO**	[proi'βiðo]
DOORGANG VERBODEN	**PROHIBIDO EL PASO**	[proi'βiðo elʲ 'paso]
OPGELET PAS GEVERFD	**RECIÉN PINTADO**	[re'θjen pin'taðo]

31. Winkelen

kopen (ww)	**comprar** (vt)	[kom'prar]
aankoop (de)	**compra** (f)	['kompra]
winkelen (ww)	**hacer compras**	[a'θer 'kompras]
winkelen (het)	**compras** (f pl)	['kompras]
open zijn (ov. een winkel, enz.)	**estar abierto**	[es'tar a'βjerto]
gesloten zijn (ww)	**estar cerrado**	[es'tar θe'raðo]
schoeisel (het)	**calzado** (m)	[kalʲ'θaðo]
kleren (mv.)	**ropa** (f)	['ropa]
cosmetica (mv.)	**cosméticos** (m pl)	[kos'metikos]
voedingswaren (mv.)	**productos alimenticios**	[pro'ðuktos alimen'tiθjos]
geschenk (het)	**regalo** (m)	[re'galʲo]
verkoper (de)	**vendedor** (m)	[bende'ðor]
verkoopster (de)	**vendedora** (f)	[bende'ðora]
kassa (de)	**caja** (f)	['kaχa]

spiegel (de)	espejo (m)	[es'peχo]
toonbank (de)	mostrador (m)	[mostra'ðor]
paskamer (de)	probador (m)	[proβa'ðor]

aanpassen (ww)	probar (vt)	[pro'βar]
passen (ov. kleren)	quedar (vi)	[ke'ðar]
bevallen (prettig vinden)	gustar (vi)	[gus'tar]

prijs (de)	precio (m)	['preθio]
prijskaartje (het)	etiqueta (f) de precio	[eti'keta de 'preθio]
kosten (ww)	costar (vt)	[kos'tar]
Hoeveel?	¿Cuánto?	[ku'anto]
korting (de)	descuento (m)	[desku'ento]

niet duur (bn)	no costoso (adj)	[no kos'toso]
goedkoop (bn)	barato (adj)	[ba'rato]
duur (bn)	caro (adj)	['karo]
Dat is duur.	Es caro	[es 'karo]

verhuur (de)	alquiler (m)	[alˈkiˈler]
huren (smoking, enz.)	alquilar (vt)	[alˈkiˈlʲar]
krediet (het)	crédito (m)	['kreðito]
op krediet (bw)	a crédito (adv)	[a 'kreðito]

KLEDING EN ACCESSOIRES

32. Bovenkleding. Jassen

kleren (mv.)	ropa (f)	['ropa]
bovenkleding (de)	ropa (f) de calle	['ropa de 'kaje]
winterkleding (de)	ropa (f) de invierno	['ropa de im'bjerno]
jas (de)	abrigo (m)	[a'βrigo]
bontjas (de)	abrigo (m) de piel	[a'βrigo de pjelʲ]
bontjasje (het)	abrigo (m) corto de piel	[a'βrigo 'korto de pjelʲ]
donzen jas (de)	chaqueta (f) plumón	[tʃa'keta plʲu'mon]
jasje (bijv. een leren ~)	cazadora (f)	[kaθa'ðora]
regenjas (de)	impermeable (m)	[imperme'aβle]
waterdicht (bn)	impermeable (adj)	[imperme'aβle]

33. Heren & dames kleding

overhemd (het)	camisa (f)	[ka'misa]
broek (de)	pantalones (m pl)	[panta'lʲones]
jeans (de)	vaqueros (m pl)	[ba'keros]
colbert (de)	chaqueta (f), saco (m)	[tʃa'keta], ['sako]
kostuum (het)	traje (m)	['traχe]
jurk (de)	vestido (m)	[bes'tiðo]
rok (de)	falda (f)	['falʲda]
blouse (de)	blusa (f)	['blʲusa]
wollen vest (de)	rebeca (f),	[re'βeka],
	chaqueta (f) de punto	[tʃa'keta de 'punto]
blazer (kort jasje)	chaqueta (f)	[tʃa'keta]
T-shirt (het)	camiseta (f)	[kami'seta]
shorts (mv.)	pantalones (m pl) cortos	[panta'lʲones 'kortos]
trainingspak (het)	traje (m) deportivo	['traχe depor'tiβo]
badjas (de)	bata (f) de baño	['bata de 'banjo]
pyjama (de)	pijama (m)	[pi'χama]
sweater (de)	suéter (m)	[su'eter]
pullover (de)	pulóver (m)	[pu'lʲoβer]
gilet (het)	chaleco (m)	[tʃa'leko]
rokkostuum (het)	frac (m)	[frak]
smoking (de)	esmoquin (m)	[es'mokin]
uniform (het)	uniforme (m)	[uni'forme]
werkkleding (de)	ropa (f) de trabajo	['ropa de tra'βaχo]
overall (de)	mono (m)	['mono]
doktersjas (de)	bata (f)	['bata]

34. Kleding. Ondergoed

ondergoed (het)	ropa (f) interior	['ropa inte'rjor]
herenslip (de)	bóxer (m)	['bokser]
slipjes (mv.)	bragas (f pl)	['bragas]
onderhemd (het)	camiseta (f) interior	[kami'θeta inte'rjor]
sokken (mv.)	calcetines (m pl)	[kalʲθe'tines]
nachthemd (het)	camisón (m)	[kami'son]
beha (de)	sostén (m)	[sos'ten]
kniekousen (mv.)	calcetines (m pl) altos	[kalʲθe'tines 'alʲtos]
panty (de)	pantimedias (f pl)	[panti'meðias]
nylonkousen (mv.)	medias (f pl)	['meðias]
badpak (het)	traje (m) de baño	['traχe de 'banjo]

35. Hoofddeksels

hoed (de)	gorro (m)	['goro]
deukhoed (de)	sombrero (m)	[som'brero]
honkbalpet (de)	gorra (f) de béisbol	['gora de 'bejsβolʲ]
kleppet (de)	gorra (f) plana	['gora 'plʲana]
baret (de)	boina (f)	['bojna]
kap (de)	capuchón (m)	[kapu'ʧon]
panamahoed (de)	panamá (m)	[pana'ma]
gebreide muts (de)	gorro (m) de punto	['goro de 'punto]
hoofddoek (de)	pañuelo (m)	[panju'elʲo]
dameshoed (de)	sombrero (m) de mujer	[som'brero de mu'χer]
veiligheidshelm (de)	casco (m)	['kasko]
veldmuts (de)	gorro (m) de campaña	['goro de kam'panja]
helm, valhelm (de)	casco (m)	['kasko]
bolhoed (de)	bombín (m)	[bom'bin]
hoge hoed (de)	sombrero (m) de copa	[som'brero de 'kopa]

36. Schoeisel

schoeisel (het)	calzado (m)	[kalʲ'θaðo]
schoenen (mv.)	botas (f pl)	['botas]
vrouwenschoenen (mv.)	zapatos (m pl)	[θa'patos]
laarzen (mv.)	botas (f pl)	['botas]
pantoffels (mv.)	zapatillas (f pl)	[θapa'tijas]
sportschoenen (mv.)	tenis (m pl)	['tenis]
sneakers (mv.)	zapatillas (f pl) de lona	[θapa'tijas de 'lʲona]
sandalen (mv.)	sandalias (f pl)	[san'daljas]
schoenlapper (de)	zapatero (m)	[θapa'tero]
hiel (de)	tacón (m)	[ta'kon]

paar (een ~ schoenen)	par (m)	[par]
veter (de)	cordón (m)	[kor'ðon]
rijgen (schoenen ~)	encordonar (vt)	[eŋkorðo'nar]
schoenlepel (de)	calzador (m)	[kalˈθa'ðor]
schoensmeer (de/het)	betún (m)	[be'tun]

37. Persoonlijke accessoires

handschoenen (mv.)	guantes (m pl)	[gu'antes]
wanten (mv.)	manoplas (f pl)	[ma'noplʲas]
sjaal (fleece ~)	bufanda (f)	[bu'fanda]

bril (de)	gafas (f pl)	['gafas]
brilmontuur (het)	montura (f)	[mon'tura]
paraplu (de)	paraguas (m)	[pa'raguas]
wandelstok (de)	bastón (m)	[bas'ton]
haarborstel (de)	cepillo (m) de pelo	[θe'pijo de 'pelʲo]
waaier (de)	abanico (m)	[aβa'niko]

das (de)	corbata (f)	[kor'βata]
strikje (het)	pajarita (f)	[paχa'rita]
bretels (mv.)	tirantes (m pl)	[ti'rantes]
zakdoek (de)	moquero (m)	[mo'kero]

kam (de)	peine (m)	['pejne]
haarspeldje (het)	pasador (m) de pelo	[pasa'ðor de 'pelʲo]
schuifspeldje (het)	horquilla (f)	[or'kija]
gesp (de)	hebilla (f)	[e'βija]

| broekriem (de) | cinturón (m) | [θintu'ron] |
| draagriem (de) | correa (f) | [ko'rea] |

handtas (de)	bolsa (f)	['bolʲsa]
damestas (de)	bolso (m)	['bolʲso]
rugzak (de)	mochila (f)	[mo'ʧilʲa]

38. Kleding. Diversen

mode (de)	moda (f)	['moða]
de mode (bn)	de moda (adj)	[de 'moða]
kledingstilist (de)	diseñador (m) de moda	[disenja'ðor de 'moða]

kraag (de)	cuello (m)	[ku'ejo]
zak (de)	bolsillo (m)	[bolˈʲ'sijo]
zak- (abn)	de bolsillo (adj)	[de bolˈʲ'sijo]
mouw (de)	manga (f)	['manga]
lusje (het)	presilla (f)	[pre'sija]
gulp (de)	bragueta (f)	[bra'geta]

rits (de)	cremallera (f)	[krema'jera]
sluiting (de)	cierre (m)	['θjere]
knoop (de)	botón (m)	[bo'ton]

knoopsgat (het)	ojal (m)	[o'χalʲ]
losraken (bijv. knopen)	saltar (vi)	[salʲ'tar]

naaien (kleren, enz.)	coser (vi, vt)	[ko'ser]
borduren (ww)	bordar (vt)	[bor'ðar]
borduursel (het)	bordado (m)	[bor'ðaðo]
naald (de)	aguja (f)	[a'guχa]
draad (de)	hilo (m)	['ilʲo]
naad (de)	costura (f)	[kos'tura]

vies worden (ww)	ensuciarse (vr)	[ensu'θjarse]
vlek (de)	mancha (f)	['manʧa]
gekreukt raken (ov. kleren)	arrugarse (vr)	[aru'garse]
scheuren (ov.ww.)	rasgar (vt)	[ras'gar]
mot (de)	polilla (f)	[po'lija]

39. Persoonlijke verzorging. Schoonheidsmiddelen

tandpasta (de)	pasta (f) de dientes	['pasta de 'djentes]
tandenborstel (de)	cepillo (m) de dientes	[θe'pijo de 'djentes]
tanden poetsen (ww)	limpiarse los dientes	[lim'pjarse los 'djentes]

scheermes (het)	maquinilla (f) de afeitar	[maki'nija de afej'tar]
scheerschuim (het)	crema (f) de afeitar	['krema de afej'tar]
zich scheren (ww)	afeitarse (vr)	[afej'tarse]

zeep (de)	jabón (m)	[χa'βon]
shampoo (de)	champú (m)	[ʧam'pu]

schaar (de)	tijeras (f pl)	[ti'χeras]
nagelvijl (de)	lima (f) de uñas	['lima de 'unjas]
nagelknipper (de)	cortaúñas (m pl)	[korta·'unjas]
pincet (het)	pinzas (f pl)	['pinθas]

cosmetica (mv.)	cosméticos (m pl)	[kos'metikos]
masker (het)	mascarilla (f)	[maska'rija]
manicure (de)	manicura (f)	[mani'kura]
manicure doen	hacer la manicura	[a'θer lʲa mani'kura]
pedicure (de)	pedicura (f)	[peði'kura]

cosmetica tasje (het)	bolsa (f) de maquillaje	['bolʲsa de maki'jaχe]
poeder (de/het)	polvos (m pl)	['polʲβos]
poederdoos (de)	polvera (f)	[polʲ'βera]
rouge (de)	colorete (m)	[kolʲo'rete]

parfum (de/het)	perfume (m)	[per'fume]
eau de toilet (de)	agua (f) de tocador	['agua de [toka'ðor]
lotion (de)	loción (f)	[lʲo'θjon]
eau de cologne (de)	agua (f) de Colonia	['agua de ko'lʲonia]

oogschaduw (de)	sombra (f) de ojos	['sombra de 'oχos]
oogpotlood (het)	lápiz (m) de ojos	['lʲapiθ de 'oχos]
mascara (de)	rímel (m)	['rimelʲ]
lippenstift (de)	pintalabios (m)	[pinta·'lʲaβios]

nagellak (de)	esmalte (m) de uñas	[es'malʲte de 'unjas]
haarlak (de)	fijador (m)	[fiχa'ðor]
deodorant (de)	desodorante (m)	[desoðo'rante]

crème (de)	crema (f)	['krema]
gezichtscrème (de)	crema (f) de belleza	['krema de be'jeθa]
handcrème (de)	crema (f) de manos	['krema de 'manos]
antirimpelcrème (de)	crema (f) antiarrugas	['krema anti·a'rugas]
dagcrème (de)	crema (f) de día	['krema de 'dia]
nachtcrème (de)	crema (f) de noche	['krema de 'notʃe]
dag- (abn)	de día (adj)	[de 'dia]
nacht- (abn)	de noche (adj)	[de 'notʃe]

tampon (de)	tampón (m)	[tam'pon]
toiletpapier (het)	papel (m) higiénico	[pa'pelʲ i'xjeniko]
föhn (de)	secador (m) de pelo	[seka'ðor de 'pelʲo]

40. Horloges. Klokken

polshorloge (het)	reloj (m)	[re'lʲoχ]
wijzerplaat (de)	esfera (f)	[es'fera]
wijzer (de)	aguja (f)	[a'guχa]
metalen horlogeband (de)	pulsera (f)	[pulʲ'sera]
horlogebandje (het)	correa (f)	[ko'rea]

batterij (de)	pila (f)	['pilʲa]
leeg zijn (ww)	descargarse (vr)	[deskar'garse]
batterij vervangen	cambiar la pila	[kam'bjar lʲa 'pilʲa]
voorlopen (ww)	adelantarse (vr)	[aðelʲan'tarθe]
achterlopen (ww)	retrasarse (vr)	[retra'sarse]

wandklok (de)	reloj (m) de pared	[re'lʲoχ de pa'reð]
zandloper (de)	reloj (m) de arena	[re'lʲoχ de a'rena]
zonnewijzer (de)	reloj (m) de sol	[re'lʲoχ de 'solʲ]
wekker (de)	despertador (m)	[desperta'ðor]
horlogemaker (de)	relojero (m)	[relʲo'χero]
repareren (ww)	reparar (vt)	[repa'rar]

ALLEDAAGSE ERVARING

41. Geld

geld (het)	dinero (m)	[di'nero]
ruil (de)	cambio (m)	['kambio]
koers (de)	curso (m)	['kurso]
geldautomaat (de)	cajero (m) automático	[ka'χero auto'matiko]
muntstuk (de)	moneda (f)	[mo'neða]
dollar (de)	dólar (m)	['dolʲar]
euro (de)	euro (m)	['euro]
lire (de)	lira (f)	['lira]
Duitse mark (de)	marco (m) alemán	['marko ale'man]
frank (de)	franco (m)	['fraŋko]
pond sterling (het)	libra esterlina (f)	['liβra ester'lina]
yen (de)	yen (m)	[jen]
schuld (geldbedrag)	deuda (f)	['deuða]
schuldenaar (de)	deudor (m)	[deu'ðor]
uitlenen (ww)	prestar (vt)	[pres'tar]
lenen (geld ~)	tomar prestado	[to'mar pres'taðo]
bank (de)	banco (m)	['baŋko]
bankrekening (de)	cuenta (f)	[ku'enta]
storten (ww)	ingresar (vt)	[ingre'sar]
op rekening storten	ingresar en la cuenta	[ingre'sar en lʲa ku'enta]
opnemen (ww)	sacar de la cuenta	[sa'kar de lʲa ku'enta]
kredietkaart (de)	tarjeta (f) de crédito	[tar'χeta de 'kreðito]
baar geld (het)	dinero (m) en efectivo	[di'nero en efek'tiβo]
cheque (de)	cheque (m)	['tʃeke]
een cheque uitschrijven	sacar un cheque	[sa'kar un 'tʃeke]
chequeboekje (het)	talonario (m)	[talʲo'nario]
portefeuille (de)	cartera (f)	[kar'tera]
geldbeugel (de)	monedero (m)	[mone'ðero]
safe (de)	caja (f) fuerte	['kaχa fu'erte]
erfgenaam (de)	heredero (m)	[ere'ðero]
erfenis (de)	herencia (f)	[e'renθia]
fortuin (het)	fortuna (f)	[for'tuna]
huur (de)	arriendo (m)	[a'rjendo]
huurprijs (de)	alquiler (m)	[alʲki'ler]
huren (huis, kamer)	alquilar (vt)	[alʲki'lʲar]
prijs (de)	precio (m)	['preθio]
kostprijs (de)	coste (m)	['koste]

som (de)	suma (f)	['suma]
uitgeven (geld besteden)	gastar (vt)	[gas'tar]
kosten (mv.)	gastos (m pl)	['gastos]
bezuinigen (ww)	economizar (vi, vt)	[ekonomi'θar]
zuinig (bn)	económico (adj)	[eko'nomiko]
betalen (ww)	pagar (vi, vt)	[pa'gar]
betaling (de)	pago (m)	['pago]
wisselgeld (het)	cambio (m)	['kambio]
belasting (de)	impuesto (m)	[impu'esto]
boete (de)	multa (f)	['mulʲta]
beboeten (bekeuren)	multar (vt)	[mulʲ'tar]

42. Post. Postkantoor

postkantoor (het)	oficina (f) de correos	[ofi'θina de ko'reos]
post (de)	correo (m)	[ko'reo]
postbode (de)	cartero (m)	[kar'tero]
openingsuren (mv.)	horario (m) de apertura	[o'rarjo de aper'tura]
brief (de)	carta (f)	['karta]
aangetekende brief (de)	carta (f) certificada	['karta θertifi'kaða]
briefkaart (de)	tarjeta (f) postal	[tar'χeta pos'talʲ]
telegram (het)	telegrama (m)	[tele'ɣrama]
postpakket (het)	paquete (m) postal	[pa'kete pos'talʲ]
overschrijving (de)	giro (m) postal	['χiro pos'talʲ]
ontvangen (ww)	recibir (vt)	[reθi'βir]
sturen (zenden)	enviar (vt)	[em'bjar]
verzending (de)	envío (m)	[em'bio]
adres (het)	dirección (f)	[direk'θjon]
postcode (de)	código (m) postal	['koðigo pos'talʲ]
verzender (de)	expedidor (m)	[ekspeði'ðor]
ontvanger (de)	destinatario (m)	[destina'tario]
naam (de)	nombre (m)	['nombre]
achternaam (de)	apellido (m)	[ape'jiðo]
tarief (het)	tarifa (f)	[ta'rifa]
standaard (bn)	ordinario (adj)	[orði'nario]
zuinig (bn)	económico (adj)	[eko'nomiko]
gewicht (het)	peso (m)	['peso]
afwegen (op de weegschaal)	pesar (vt)	[pe'sar]
envelop (de)	sobre (m)	['soβre]
postzegel (de)	sello (m)	['sejo]
een postzegel plakken op	poner un sello	[po'ner un 'sejo]

43. Bankieren

bank (de)	banco (m)	['baŋko]
bankfiliaal (het)	sucursal (f)	[sukur'salʲ]

| bankbediende (de) | consultor (m) | [konsul^j'tor] |
| manager (de) | gerente (m) | [χe'rente] |

bankrekening (de)	cuenta (f)	[ku'enta]
rekeningnummer (het)	numero (m) de la cuenta	['numero de l^ja ku'enta]
lopende rekening (de)	cuenta (f) corriente	[ku'enta ko'rjente]
spaarrekening (de)	cuenta (f) de ahorros	[ku'enta de a'oros]

een rekening openen	abrir una cuenta	[a'βrir una ku'enta]
de rekening sluiten	cerrar la cuenta	[θe'rar l^ja ku'enta]
op rekening storten	ingresar en la cuenta	[ingre'sar en l^ja ku'enta]
opnemen (ww)	sacar de la cuenta	[sa'kar de l^ja ku'enta]

storting (de)	depósito (m)	[de'posito]
een storting maken	hacer un depósito	[a'θer un de'posito]
overschrijving (de)	giro (m)	['χiro]
een overschrijving maken	hacer un giro	[a'θer un 'χiro]

| som (de) | suma (f) | ['suma] |
| Hoeveel? | ¿Cuánto? | [ku'anto] |

| handtekening (de) | firma (f) | ['firma] |
| ondertekenen (ww) | firmar (vt) | [fir'mar] |

kredietkaart (de)	tarjeta (f) de crédito	[tar'χeta de 'kreðito]
code (de)	código (m)	['koðigo]
kredietkaartnummer (het)	número (m) de tarjeta de crédito	['numero de tar'χeta de 'kreðito]
geldautomaat (de)	cajero (m) automático	[ka'χero auto'matiko]

cheque (de)	cheque (m)	['tʃeke]
een cheque uitschrijven	sacar un cheque	[sa'kar un 'tʃeke]
chequeboekje (het)	talonario (m)	[tal^jo'nario]

lening, krediet (de)	crédito (m)	['kreðito]
een lening aanvragen	pedir el crédito	[pe'ðir el^j 'kreðito]
een lening nemen	obtener un crédito	[oβte'ner un 'kreðito]
een lening verlenen	conceder un crédito	[konθe'ðer un 'kreðito]
garantie (de)	garantía (f)	[garan'tia]

44. Telefoon. Telefoongesprek

telefoon (de)	teléfono (m)	[te'lefono]
mobieltje (het)	teléfono (m) móvil	[te'lefono 'moβil^j]
antwoordapparaat (het)	contestador (m)	[kontesta'ðor]

| bellen (ww) | llamar, telefonear | [ja'mar], [telefone'ar] |
| belletje (telefoontje) | llamada (f) | [ja'maða] |

een nummer draaien	marcar un número	[mar'kar un 'numero]
Hallo!	¿Sí?, ¿Dígame?	[si], ['digame]
vragen (ww)	preguntar (vt)	[pregun'tar]
antwoorden (ww)	responder (vi, vt)	[respon'der]
horen (ww)	oír (vt)	[o'ir]

goed (bw)	bien (adv)	[bjen]
slecht (bw)	mal (adv)	[malʲ]
storingen (mv.)	ruidos (m pl)	[ru'iðos]

hoorn (de)	auricular (m)	[auriku'lʲar]
opnemen (ww)	descolgar (vt)	[deskolʲ'gar]
ophangen (ww)	colgar el auricular	[kolʲ'gar elʲ auriku'lʲar]
bezet (bn)	ocupado (adj)	[oku'paðo]
overgaan (ww)	sonar (vi)	[so'nar]
telefoonboek (het)	guía (f) de teléfonos	['gia de te'lefonos]

lokaal (bn)	local (adj)	[lʲo'kalʲ]
interlokaal (bn)	de larga distancia	[de 'lʲarga dis'tanθia]
buitenlands (bn)	internacional (adj)	[internaθjo'nalʲ]

45. Mobiele telefoon

mobieltje (het)	teléfono (m) móvil	[te'lefono 'moβilʲ]
scherm (het)	pantalla (f)	[pan'taja]
toets, knop (de)	botón (m)	[bo'ton]
simkaart (de)	tarjeta SIM (f)	[tar'χeta sim]

batterij (de)	pila (f)	['pilʲa]
leeg zijn (ww)	descargarse (vr)	[deskar'garse]
acculader (de)	cargador (m)	[karga'ðor]

menu (het)	menú (m)	[me'nu]
instellingen (mv.)	preferencias (f pl)	[prefe'renθias]
melodie (beltoon)	melodía (f)	[melʲo'ðia]
selecteren (ww)	seleccionar (vt)	[selekθjo'nar]

rekenmachine (de)	calculadora (f)	[kalʲkulʲa'ðora]
voicemail (de)	contestador (m)	[kontesta'ðor]
wekker (de)	despertador (m)	[desperta'ðor]
contacten (mv.)	contactos (m pl)	[kon'taktos]

| SMS-bericht (het) | mensaje (m) de texto | [men'saχe de 'teksto] |
| abonnee (de) | abonado (m) | [aβo'naðo] |

46. Schrijfbehoeften

| balpen (de) | bolígrafo (m) | [bo'liɣrafo] |
| vulpen (de) | pluma (f) estilográfica | ['plʲuma estilʲo'ɣrafika] |

potlood (het)	lápiz (m)	['lʲapiθ]
marker (de)	marcador (m)	[marka'ðor]
viltstift (de)	rotulador (m)	[rotulʲa'ðor]

notitieboekje (het)	bloc (m) de notas	['blʲok de 'notas]
agenda (boekje)	agenda (f)	[a'χenda]
liniaal (de/het)	regla (f)	['reɣlʲa]
rekenmachine (de)	calculadora (f)	[kalʲkulʲa'ðora]

gom (de)	goma (f) de borrar	['goma de bo'rar]
punaise (de)	chincheta (f)	[ʧin'ʧeta]
paperclip (de)	clip (m)	[klip]

lijm (de)	cola (f), pegamento (m)	['kolʲa], [pega'mento]
nietmachine (de)	grapadora (f)	[grapa'ðora]
perforator (de)	perforador (m)	[perfora'ðor]
potloodslijper (de)	sacapuntas (m)	[saka'puntas]

47. Vreemde talen

taal (de)	lengua (f)	['lengua]
vreemd (bn)	extranjero (adj)	[ekstran'ɣero]
vreemde taal (de)	lengua (f) extranjera	['lengua ekstran'ɣera]
leren (bijv. van buiten ~)	estudiar (vt)	[estu'ðjar]
studeren (Nederlands ~)	aprender (vt)	[apren'der]

lezen (ww)	leer (vi, vt)	[le'er]
spreken (ww)	hablar (vi, vt)	[a'βlʲar]
begrijpen (ww)	comprender (vt)	[kompren'der]
schrijven (ww)	escribir (vt)	[eskri'βir]

snel (bw)	rápidamente (adv)	['rapiða'mente]
langzaam (bw)	lentamente (adv)	[lenta'mente]
vloeiend (bw)	con fluidez (adv)	[kon flʲui'ðeθ]

regels (mv.)	reglas (f pl)	['reɣlʲas]
grammatica (de)	gramática (f)	[gra'matika]
vocabulaire (het)	vocabulario (m)	[bokaβu'lʲario]
fonetiek (de)	fonética (f)	[fo'netika]

leerboek (het)	manual (m)	[manu'alʲ]
woordenboek (het)	diccionario (m)	[dikθjo'nario]
leerboek (het) voor zelfstudie	manual (m) autodidáctico	[manu'alʲ autoði'ðaktiko]
taalgids (de)	guía (f) de conversación	['gia de kombersa'θjon]

cassette (de)	casete (m)	[ka'sete]
videocassette (de)	videocasete (f)	[biðeo·ka'sete]
CD (de)	disco compacto (m)	['disko kom'pakto]
DVD (de)	DVD (m)	[deβe'de]

alfabet (het)	alfabeto (m)	[alʲfa'βeto]
spellen (ww)	deletrear (vt)	[deletre'ar]
uitspraak (de)	pronunciación (f)	[pronunθja'θjon]

accent (het)	acento (m)	[a'θento]
met een accent (bw)	con acento	[kon a'θento]
zonder accent (bw)	sin acento	[sin a'θento]

woord (het)	palabra (f)	[pa'lʲaβra]
betekenis (de)	significado (m)	[siɣnifi'kaðo]

cursus (de)	cursos (m pl)	['kursos]
zich inschrijven (ww)	inscribirse (vr)	[inskri'βirse]

leraar (de)	profesor (m)	[profe'sor]
vertaling (een ~ maken)	traducción (f)	[traðuk'θjon]
vertaling (tekst)	traducción (f)	[traðuk'θjon]
vertaler (de)	traductor (m)	[traðuk'tor]
tolk (de)	intérprete (m)	[in'terprete]
polyglot (de)	políglota (m)	[po'liɣⁱota]
geheugen (het)	memoria (f)	[me'moria]

MAALTIJDEN. RESTAURANT

48. Tafelschikking

lepel (de)	cuchara (f)	[ku'tʃara]
mes (het)	cuchillo (m)	[ku'tʃijo]
vork (de)	tenedor (m)	[tene'ðor]
kopje (het)	taza (f)	['taθa]
bord (het)	plato (m)	['plʲato]
schoteltje (het)	platillo (m)	[plʲa'tijo]
servet (het)	servilleta (f)	[serβi'jeta]
tandenstoker (de)	mondadientes (m)	[monda'ðjentes]

49. Restaurant

restaurant (het)	restaurante (m)	[restau'rante]
koffiehuis (het)	cafetería (f)	[kafete'ria]
bar (de)	bar (m)	[bar]
tearoom (de)	salón (m) de té	[sa'lʲon de 'te]
kelner, ober (de)	camarero (m)	[kama'rero]
serveerster (de)	camarera (f)	[kama'rera]
barman (de)	barman (m)	['barman]
menu (het)	carta (f), menú (m)	['karta], [me'nu]
wijnkaart (de)	carta (f) de vinos	['karta de 'binos]
een tafel reserveren	reservar una mesa	[reser'βar 'una 'mesa]
gerecht (het)	plato (m)	['plʲato]
bestellen (eten ~)	pedir (vt)	[pe'ðir]
een bestelling maken	hacer un pedido	[a'θer un pe'ðiðo]
aperitief (de/het)	aperitivo (m)	[aperi'tiβo]
voorgerecht (het)	entremés (m)	[entre'mes]
dessert (het)	postre (m)	['postre]
rekening (de)	cuenta (f)	[ku'enta]
de rekening betalen	pagar la cuenta	[pa'gar lʲa ku'enta]
wisselgeld teruggeven	dar la vuelta	['dar lʲa bu'elta]
fooi (de)	propina (f)	[pro'pina]

50. Maaltijden

eten (het)	comida (f)	[ko'miða]
eten (ww)	comer (vi, vt)	[ko'mer]

ontbijt (het)	desayuno (m)	[desa'juno]
ontbijten (ww)	desayunar (vi)	[desaju'nar]
lunch (de)	almuerzo (m)	[alˈmu'erθo]
lunchen (ww)	almorzar (vi)	[alˈmor'θar]
avondeten (het)	cena (f)	['θena]
souperen (ww)	cenar (vi)	[θe'nar]

eetlust (de)	apetito (m)	[ape'tito]
Eet smakelijk!	¡Que aproveche!	[ke apro'βetʃe]

openen (een fles ~)	abrir (vt)	[a'βrir]
morsen (koffie, enz.)	derramar (vt)	[dera'mar]
zijn gemorst	derramarse (vr)	[dera'marse]

koken (water kookt bij 100°C)	hervir (vi)	[er'βir]
koken (Hoe om water te ~)	hervir (vt)	[er'βir]
gekookt (~ water)	hervido (adj)	[er'βiðo]
afkoelen (koeler maken)	enfriar (vt)	[eɱfri'ar]
afkoelen (koeler worden)	enfriarse (vr)	[eɱfri'arse]

smaak (de)	sabor (m)	[sa'βor]
nasmaak (de)	regusto (m)	[re'gusto]

volgen een dieet	adelgazar (vi)	[aðelˈga'θar]
dieet (het)	dieta (f)	[di'eta]
vitamine (de)	vitamina (f)	[bita'mina]
calorie (de)	caloría (f)	[kalˈo'ria]
vegetariër (de)	vegetariano (m)	[beχeta'rjano]
vegetarisch (bn)	vegetariano (adj)	[beχeta'rjano]

vetten (mv.)	grasas (f pl)	['grasas]
eiwitten (mv.)	proteínas (f pl)	[prote'inas]
koolhydraten (mv.)	carbohidratos (m pl)	[karβoi'ðratos]
snede (de)	loncha (f)	['lˈontʃa]
stuk (bijv. een ~ taart)	pedazo (m)	[pe'ðaθo]
kruimel (de)	miga (f)	['miga]

51. Bereide gerechten

gerecht (het)	plato (m)	['plˈato]
keuken (bijv. Franse ~)	cocina (f)	[ko'θina]
recept (het)	receta (f)	[re'θeta]
portie (de)	porción (f)	[por'θjon]

salade (de)	ensalada (f)	[ensa'lˈaða]
soep (de)	sopa (f)	['sopa]

bouillon (de)	caldo (m)	['kalˈdo]
boterham (de)	bocadillo (m)	[boka'ðijo]
spiegelei (het)	huevos (m pl) fritos	[u'eβos 'fritos]

hamburger (de)	hamburguesa (f)	[ambur'gesa]
biefstuk (de)	bistec (m)	[bis'tek]
garnering (de)	guarnición (f)	[guarni'θjon]

spaghetti (de)	espagueti (m)	[espa'geti]
aardappelpuree (de)	puré (m) de patatas	[pu're de pa'tatas]
pizza (de)	pizza (f)	['pitsa]
pap (de)	gachas (f pl)	['gatʃas]
omelet (de)	tortilla (f) francesa	[tor'tija fran'θesa]

gekookt (in water)	cocido en agua (adj)	[ko'θiðo en 'agua]
gerookt (bn)	ahumado (adj)	[au'maðo]
gebakken (bn)	frito (adj)	['frito]
gedroogd (bn)	seco (adj)	['seko]
diepvries (bn)	congelado (adj)	[konχe'lʲaðo]
gemarineerd (bn)	marinado (adj)	[mari'naðo]

zoet (bn)	azucarado, dulce (adj)	[aθuka'raðo], ['dulʲθe]
gezouten (bn)	salado (adj)	[sa'lʲaðo]
koud (bn)	frío (adj)	['frio]
heet (bn)	caliente (adj)	[ka'ljente]
bitter (bn)	amargo (adj)	[a'margo]
lekker (bn)	sabroso (adj)	[sa'βroso]

koken (in kokend water)	cocer (vt) en agua	[ko'θer en 'agua]
bereiden (avondmaaltijd ~)	preparar (vt)	[prepa'rar]
bakken (ww)	freír (vt)	[fre'ir]
opwarmen (ww)	calentar (vt)	[kalen'tar]

zouten (ww)	salar (vt)	[sa'lʲar]
peperen (ww)	poner pimienta	[po'ner pi'mjenta]
raspen (ww)	rallar (vt)	[ra'jar]
schil (de)	piel (f)	[pjelʲ]
schillen (ww)	pelar (vt)	[pe'lʲar]

52. Voedsel

vlees (het)	carne (f)	['karne]
kip (de)	gallina (f)	[ga'jina]
kuiken (het)	pollo (m)	['pojo]
eend (de)	pato (m)	['pato]
gans (de)	ganso (m)	['ganso]
wild (het)	caza (f) menor	['kaθa me'nor]
kalkoen (de)	pava (f)	['paβa]

varkensvlees (het)	carne (f) de cerdo	['karne de 'θerðo]
kalfsvlees (het)	carne (f) de ternera	['karne de ter'nera]
schapenvlees (het)	carne (f) de carnero	['karne de kar'nero]
rundvlees (het)	carne (f) de vaca	['karne de 'baka]
konijnenvlees (het)	conejo (m)	[ko'neχo]

worst (de)	salchichón (m)	[salʲtʃi'tʃon]
saucijs (de)	salchicha (f)	[salʲ'tʃitʃa]
spek (het)	beicon (m)	['bejkon]
ham (de)	jamón (m)	[χa'mon]
gerookte achterham (de)	jamón (m) fresco	[χa'mon 'fresko]
paté (de)	paté (m)	[pa'te]
lever (de)	hígado (m)	['igaðo]

gehakt (het)	carne (f) picada	['karne pi'kaða]
tong (de)	lengua (f)	['lengua]
ei (het)	huevo (m)	[u'eβo]
eieren (mv.)	huevos (m pl)	[u'eβos]
eiwit (het)	clara (f)	['klʲara]
eigeel (het)	yema (f)	['jema]
vis (de)	pescado (m)	[pes'kaðo]
zeevruchten (mv.)	mariscos (m pl)	[ma'riskos]
schaaldieren (mv.)	crustáceos (m pl)	[krus'taθeos]
kaviaar (de)	caviar (m)	[ka'βjar]
krab (de)	cangrejo (m) de mar	[kan'greχo de 'mar]
garnaal (de)	camarón (m)	[kama'ron]
oester (de)	ostra (f)	['ostra]
langoest (de)	langosta (f)	[lʲan'gosta]
octopus (de)	pulpo (m)	['pulʲpo]
inktvis (de)	calamar (m)	[kalʲa'mar]
steur (de)	esturión (m)	[estu'rjon]
zalm (de)	salmón (m)	[salʲ'mon]
heilbot (de)	fletán (m)	[fle'tan]
kabeljauw (de)	bacalao (m)	[baka'lʲao]
makreel (de)	caballa (f)	[ka'βaja]
tonijn (de)	atún (m)	[a'tun]
paling (de)	anguila (f)	[an'gilʲa]
forel (de)	trucha (f)	['trutʃa]
sardine (de)	sardina (f)	[sar'ðina]
snoek (de)	lucio (m)	['lʲuθio]
haring (de)	arenque (m)	[a'reŋke]
brood (het)	pan (m)	[pan]
kaas (de)	queso (m)	['keso]
suiker (de)	azúcar (m)	[a'θukar]
zout (het)	sal (f)	[salʲ]
rijst (de)	arroz (m)	[a'roθ]
pasta (de)	macarrones (m pl)	[maka'rones]
noedels (mv.)	tallarines (m pl)	[taja'rines]
boter (de)	mantequilla (f)	[mante'kija]
plantaardige olie (de)	aceite (m) vegetal	[a'θejte beχe'talʲ]
zonnebloemolie (de)	aceite (m) de girasol	[a'θejte de χira'solʲ]
margarine (de)	margarina (f)	[marga'rina]
olijven (mv.)	olivas, aceitunas (f pl)	[o'liβas], [aθei'tunas]
olijfolie (de)	aceite (m) de oliva	[a'θejte de o'liβa]
melk (de)	leche (f)	['letʃe]
gecondenseerde melk (de)	leche (f) condensada	['letʃe konden'saða]
yoghurt (de)	yogur (m)	[jo'gur]
zure room (de)	nata (f) agria	['nata 'aɣria]
room (de)	nata (f) líquida	['nata 'likiða]

mayonaise (de)	mayonesa (f)	[majo'nesa]
crème (de)	crema (f) de mantequilla	['krema de mante'kija]
graan (het)	cereales (m pl) integrales	[θere'ales inte'ɣrales]
meel (het), bloem (de)	harina (f)	[a'rina]
conserven (mv.)	conservas (f pl)	[kon'serβas]
maïsvlokken (mv.)	copos (m pl) de maíz	['kopos de ma'iθ]
honing (de)	miel (f)	[mjelʲ]
jam (de)	confitura (f)	[komɲfi'tura]
kauwgom (de)	chicle (m)	['ʧikle]

53. Drankjes

water (het)	agua (f)	['agua]
drinkwater (het)	agua (f) potable	['agua po'taβle]
mineraalwater (het)	agua (f) mineral	['agua mine'ralʲ]
zonder gas	sin gas	[sin 'gas]
koolzuurhoudend (bn)	gaseoso (adj)	[gase'oso]
bruisend (bn)	con gas	[kon 'gas]
ijs (het)	hielo (m)	['jelʲo]
met ijs	con hielo	[kon 'jelʲo]
alcohol vrij (bn)	sin alcohol	[sin alʲko'olʲ]
alcohol vrije drank (de)	bebida (f) sin alcohol	[be'βiða sin alʲko'olʲ]
frisdrank (de)	refresco (m)	[re'fresko]
limonade (de)	limonada (f)	[limo'naða]
alcoholische dranken (mv.)	bebidas (f pl) alcohólicas	[be'βiðas alʲko'olikas]
wijn (de)	vino (m)	['bino]
witte wijn (de)	vino (m) blanco	['bino 'blʲaŋko]
rode wijn (de)	vino (m) tinto	['bino 'tinto]
likeur (de)	licor (m)	[li'kor]
champagne (de)	champaña (f)	[ʧam'panja]
vermout (de)	vermú (m)	[ber'mu]
whisky (de)	whisky (m)	['wiski]
wodka (de)	vodka (m)	['boðka]
gin (de)	ginebra (f)	[χi'neβra]
cognac (de)	coñac (m)	[ko'njak]
rum (de)	ron (m)	[ron]
koffie (de)	café (m)	[ka'fe]
zwarte koffie (de)	café (m) solo	[ka'fe 'solʲo]
koffie (de) met melk	café (m) con leche	[ka'fe kon 'leʧe]
cappuccino (de)	capuchino (m)	[kapu'ʧino]
oploskoffie (de)	café (m) soluble	[ka'fe so'lʲuβle]
melk (de)	leche (f)	['leʧe]
cocktail (de)	cóctel (m)	['koktelʲ]
milkshake (de)	batido (m)	[ba'tiðo]
sap (het)	zumo (m), jugo (m)	['θumo], ['χugo]

tomatensap (het)	jugo (m) de tomate	['χugo de to'mate]
sinaasappelsap (het)	zumo (m) de naranja	['θumo de na'ranχa]
vers geperst sap (het)	zumo (m) fresco	['θumo 'fresko]

bier (het)	cerveza (f)	[θer'βeθa]
licht bier (het)	cerveza (f) rubia	[θer'βeθa 'ruβia]
donker bier (het)	cerveza (f) negra	[θer'βeθa 'neɣra]

thee (de)	té (m)	[te]
zwarte thee (de)	té (m) negro	['te 'neɣro]
groene thee (de)	té (m) verde	['te 'berðe]

54. Groenten

| groenten (mv.) | legumbres (f pl) | [le'gumbres] |
| verse kruiden (mv.) | verduras (f pl) | [ber'ðuras] |

tomaat (de)	tomate (m)	[to'mate]
augurk (de)	pepino (m)	[pe'pino]
wortel (de)	zanahoria (f)	[θana'oria]
aardappel (de)	patata (f)	[pa'tata]
ui (de)	cebolla (f)	[θe'βoja]
knoflook (de)	ajo (m)	['aχo]

| kool (de) | col (f) | [kolʲ] |
| bloemkool (de) | coliflor (f) | [koli'flʲor] |

| spruitkool (de) | col (f) de Bruselas | [kolʲ de bru'selʲas] |
| broccoli (de) | brócoli (m) | ['brokoli] |

rode biet (de)	remolacha (f)	[remo'lʲatʃa]
aubergine (de)	berenjena (f)	[beren'χena]
courgette (de)	calabacín (m)	[kalʲaβa'θin]

| pompoen (de) | calabaza (f) | [kalʲa'βaθa] |
| raap (de) | nabo (m) | ['naβo] |

peterselie (de)	perejil (m)	[pere'χilʲ]
dille (de)	eneldo (m)	[e'nelʲdo]
sla (de)	lechuga (f)	[le'tʃuga]
selderij (de)	apio (m)	['apio]

| asperge (de) | espárrago (m) | [es'parago] |
| spinazie (de) | espinaca (f) | [espi'naka] |

| erwt (de) | guisante (m) | [gi'sante] |
| bonen (mv.) | habas (f pl) | ['aβas] |

| maïs (de) | maíz (m) | [ma'iθ] |
| nierboon (de) | fréjol (m) | ['freχolʲ] |

peper (de)	pimiento (m) dulce	[pi'mjento 'dulθe]
radijs (de)	rábano (m)	['raβano]
artisjok (de)	alcachofa (f)	[alʲka'tʃofa]

55. Vruchten. Noten

vrucht (de)	fruto (m)	['fruto]
appel (de)	manzana (f)	[man'θana]
peer (de)	pera (f)	['pera]
citroen (de)	limón (m)	[li'mon]
sinaasappel (de)	naranja (f)	[na'ranχa]
aardbei (de)	fresa (f)	['fresa]

mandarijn (de)	mandarina (f)	[manda'rina]
pruim (de)	ciruela (f)	[θiru'elʲa]
perzik (de)	melocotón (m)	[melʲoko'ton]
abrikoos (de)	albaricoque (m)	[alʲβari'koke]
framboos (de)	frambuesa (f)	[frambu'esa]
ananas (de)	piña (f)	['pinja]

banaan (de)	banana (f)	[ba'nana]
watermeloen (de)	sandía (f)	[san'dia]
druif (de)	uva (f)	['uβa]
zure kers (de)	guinda (f)	['ginda]
zoete kers (de)	cereza (f)	[θe'reθa]
meloen (de)	melón (m)	[me'lʲon]

grapefruit (de)	pomelo (m)	[po'melʲo]
avocado (de)	aguacate (m)	[agua'kate]
papaja (de)	papaya (f)	[pa'paja]
mango (de)	mango (m)	['mango]
granaatappel (de)	granada (f)	[gra'naða]

rode bes (de)	grosella (f) roja	[gro'seja 'roχa]
zwarte bes (de)	grosella (f) negra	[gro'seja 'neɣra]
kruisbes (de)	grosella (f) espinosa	[gro'seja espi'nosa]
blauwe bosbes (de)	arándano (m)	[a'randano]
braambes (de)	zarzamoras (f pl)	[θarθa'moras]

rozijn (de)	pasas (f pl)	['pasas]
vijg (de)	higo (m)	['igo]
dadel (de)	dátil (m)	['datilʲ]

pinda (de)	cacahuete (m)	[kakau'ete]
amandel (de)	almendra (f)	[alʲ'mendra]
walnoot (de)	nuez (f)	[nu'eθ]
hazelnoot (de)	avellana (f)	[aβe'jana]
kokosnoot (de)	nuez (f) de coco	[nu'eθ de 'koko]
pistaches (mv.)	pistachos (m pl)	[pis'tatʃos]

56. Brood. Snoep

suikerbakkerij (de)	pasteles (m pl)	[pas'teles]
brood (het)	pan (m)	[pan]
koekje (het)	galletas (f pl)	[ga'jetas]
chocolade (de)	chocolate (m)	[tʃoko'lʲate]
chocolade- (abn)	de chocolate (adj)	[de tʃoko'lʲate]

snoepje (het)	caramelo (m)	[kara'melᶨo]
cakeje (het)	mini tarta (f)	['mini 'tarta]
taart (bijv. verjaardags~)	tarta (f)	['tarta]

| pastei (de) | tarta (f) | ['tarta] |
| vulling (de) | relleno (m) | [re'jeno] |

confituur (de)	confitura (f)	[koɲfi'tura]
marmelade (de)	mermelada (f)	[merme'lᶨaða]
wafel (de)	gofre (m)	['gofre]
ijsje (het)	helado (m)	[e'lᶨaðo]
pudding (de)	pudin (m)	['puðin]

57. Kruiden

zout (het)	sal (f)	[salᶨ]
gezouten (bn)	salado (adj)	[sa'lᶨaðo]
zouten (ww)	salar (vt)	[sa'lᶨar]

zwarte peper (de)	pimienta (f) negra	[pi'mjenta 'neɣra]
rode peper (de)	pimienta (f) roja	[pi'mjenta 'roχa]
mosterd (de)	mostaza (f)	[mos'taθa]
mierikswortel (de)	rábano (m) picante	['raβano pi'kante]

condiment (het)	condimento (m)	[kondi'mento]
specerij, kruiderij (de)	especia (f)	[es'peθia]
saus (de)	salsa (f)	['salᶨsa]
azijn (de)	vinagre (m)	[bi'naɣre]

anijs (de)	anís (m)	[a'nis]
basilicum (de)	albahaca (f)	[alᶨβa'aka]
kruidnagel (de)	clavo (m)	['klᶨaβo]
gember (de)	jengibre (m)	[χen'χiβre]
koriander (de)	cilantro (m)	[θi'lᶨantro]
kaneel (de/het)	canela (f)	[ka'nelᶨa]

sesamzaad (het)	sésamo (m)	['sesamo]
laurierblad (het)	hoja (f) de laurel	['oχa de lᶨau'relᶨ]
paprika (de)	paprika (f)	[pap'rika]
komijn (de)	comino (m)	[ko'mino]
saffraan (de)	azafrán (m)	[aθa'fran]

PERSOONLIJKE INFORMATIE. FAMILIE

58. Persoonlijke informatie. Formulieren

naam (de)	nombre (m)	['nombre]
achternaam (de)	apellido (m)	[ape'jiðo]
geboortedatum (de)	fecha (f) de nacimiento	['fetʃa de naθi'mjento]
geboorteplaats (de)	lugar (m) de nacimiento	[lʲu'gar de naθi'mjento]
nationaliteit (de)	nacionalidad (f)	[naθjonali'ðað]
woonplaats (de)	domicilio (m)	[domi'θilio]
land (het)	país (m)	[pa'is]
beroep (het)	profesión (f)	[profe'sjon]
geslacht (ov. het vrouwelijk ~)	sexo (m)	['sekso]
lengte (de)	estatura (f)	[esta'tura]
gewicht (het)	peso (m)	['peso]

59. Familieleden. Verwanten

moeder (de)	madre (f)	['maðre]
vader (de)	padre (m)	['paðre]
zoon (de)	hijo (m)	['iχo]
dochter (de)	hija (f)	['iχa]
jongste dochter (de)	hija (f) menor	['iχa me'nor]
jongste zoon (de)	hijo (m) menor	['iχo me'nor]
oudste dochter (de)	hija (f) mayor	['iχa ma'jor]
oudste zoon (de)	hijo (m) mayor	['iχo ma'jor]
broer (de)	hermano (m)	[er'mano]
oudere broer (de)	hermano (m) mayor	[er'mano ma'jor]
jongere broer (de)	hermano (m) menor	[er'mano me'nor]
zuster (de)	hermana (f)	[er'mana]
oudere zuster (de)	hermana (f) mayor	[er'mana ma'jor]
jongere zuster (de)	hermana (f) menor	[er'mana me'nor]
neef (zoon van oom, tante)	primo (m)	['primo]
nicht (dochter van oom, tante)	prima (f)	['prima]
mama (de)	mamá (f)	[ma'ma]
papa (de)	papá (m)	[pa'pa]
ouders (mv.)	padres (pl)	['paðres]
kind (het)	niño (m), niña (f)	['ninjo], ['ninja]
kinderen (mv.)	niños (pl)	['ninjos]
oma (de)	abuela (f)	[aβu'elʲa]
opa (de)	abuelo (m)	[aβu'elʲo]

kleinzoon (de)	**nieto** (m)	['njeto]
kleindochter (de)	**nieta** (f)	['njeta]
kleinkinderen (mv.)	**nietos** (pl)	['njetos]

oom (de)	**tío** (m)	['tio]
tante (de)	**tía** (f)	['tia]
neef (zoon van broer, zus)	**sobrino** (m)	[so'βrino]
nicht (dochter van broer, zus)	**sobrina** (f)	[so'βrina]

schoonmoeder (de)	**suegra** (f)	[su'eɣra]
schoonvader (de)	**suegro** (m)	[su'eɣro]
schoonzoon (de)	**yerno** (m)	['jerno]
stiefmoeder (de)	**madrastra** (f)	[ma'ðrastra]
stiefvader (de)	**padrastro** (m)	[pa'ðrastro]

zuigeling (de)	**niño** (m) **de pecho**	['ninjo de 'petʃo]
wiegenkind (het)	**bebé** (m)	[be'βe]
kleuter (de)	**chico** (m)	['tʃiko]

vrouw (de)	**mujer** (f)	[mu'χer]
man (de)	**marido** (m)	[ma'riðo]
echtgenoot (de)	**esposo** (m)	[es'poso]
echtgenote (de)	**esposa** (f)	[es'posa]

gehuwd (mann.)	**casado** (adj)	[ka'saðo]
gehuwd (vrouw.)	**casada** (adj)	[ka'saða]
ongehuwd (mann.)	**soltero** (adj)	[soľ'tero]
vrijgezel (de)	**soltero** (m)	[soľ'tero]
gescheiden (bn)	**divorciado** (adj)	[diβor'θjaðo]
weduwe (de)	**viuda** (f)	['bjuða]
weduwnaar (de)	**viudo** (m)	['bjuðo]

familielid (het)	**pariente** (m)	[pa'rjente]
dichte familielid (het)	**pariente** (m) **cercano**	[pa'rjente θer'kano]
verre familielid (het)	**pariente** (m) **lejano**	[pa'rjente le'χano]
familieleden (mv.)	**parientes** (pl)	[pa'rjentes]

wees (weesjongen)	**huérfano** (m)	[u'erfano]
wees (weesmeisje)	**huérfana** (f)	[u'erfana]
voogd (de)	**tutor** (m)	[tu'tor]
adopteren (een jongen te ~)	**adoptar, ahijar** (vt)	[aðop'tar], [ai'χar]
adopteren (een meisje te ~)	**adoptar, ahijar** (vt)	[aðop'tar], [ai'χar]

60. Vrienden. Collega's

vriend (de)	**amigo** (m)	[a'migo]
vriendin (de)	**amiga** (f)	[a'miga]
vriendschap (de)	**amistad** (f)	[amis'tað]
bevriend zijn (ww)	**ser amigo**	[ser a'migo]

makker (de)	**amigote** (m)	[ami'gote]
vriendin (de)	**amiguete** (f)	[ami'gete]
partner (de)	**compañero** (m)	[kompa'njero]
chef (de)	**jefe** (m)	['χefe]

baas (de)	superior (m)	[supe'rjor]
eigenaar (de)	propietario (m)	[propje'tario]
ondergeschikte (de)	subordinado (m)	[suβorði'naðo]
collega (de)	colega (m, f)	[ko'lega]

kennis (de)	conocido (m)	[kono'θiðo]
medereiziger (de)	compañero (m) de viaje	[kompa'njero de 'bjaχe]
klasgenoot (de)	condiscípulo (m)	[kondi'θipulʲo]

buurman (de)	vecino (m)	[be'θino]
buurvrouw (de)	vecina (f)	[be'θina]
buren (mv.)	vecinos (pl)	[be'θinos]

MENSELIJK LICHAAM. GENEESKUNDE

61. Hoofd

hoofd (het)	cabeza (f)	[kaˈβeθa]
gezicht (het)	cara (f)	[ˈkara]
neus (de)	nariz (f)	[naˈriθ]
mond (de)	boca (f)	[ˈboka]
oog (het)	ojo (m)	[ˈoχo]
ogen (mv.)	ojos (m pl)	[ˈoχos]
pupil (de)	pupila (f)	[puˈpilʲa]
wenkbrauw (de)	ceja (f)	[ˈθeχa]
wimper (de)	pestaña (f)	[pesˈtanja]
ooglid (het)	párpado (m)	[ˈparpaðo]
tong (de)	lengua (f)	[ˈlengua]
tand (de)	diente (m)	[ˈdjente]
lippen (mv.)	labios (m pl)	[ˈlʲaβjos]
jukbeenderen (mv.)	pómulos (m pl)	[ˈpomulʲos]
tandvlees (het)	encía (f)	[enˈθia]
gehemelte (het)	paladar (m)	[palʲaˈðar]
neusgaten (mv.)	ventanas (f pl)	[benˈtanas]
kin (de)	mentón (m)	[menˈton]
kaak (de)	mandíbula (f)	[manˈdiβulʲa]
wang (de)	mejilla (f)	[meˈχija]
voorhoofd (het)	frente (f)	[ˈfrente]
slaap (de)	sien (f)	[θjen]
oor (het)	oreja (f)	[oˈreχa]
achterhoofd (het)	nuca (f)	[ˈnuka]
hals (de)	cuello (m)	[kuˈejo]
keel (de)	garganta (f)	[garˈganta]
haren (mv.)	pelo, cabello (m)	[ˈpelʲo], [kaˈβejo]
kapsel (het)	peinado (m)	[pejˈnaðo]
haarsnit (de)	corte (m) de pelo	[ˈkorte de ˈpelʲo]
pruik (de)	peluca (f)	[peˈlʲuka]
snor (de)	bigote (m)	[biˈgote]
baard (de)	barba (f)	[ˈbarβa]
dragen (een baard, enz.)	tener (vt)	[teˈner]
vlecht (de)	trenza (f)	[ˈtrenθa]
bakkebaarden (mv.)	patillas (f pl)	[paˈtijas]
ros (roodachtig, rossig)	pelirrojo (adj)	[peliˈroχo]
grijs (~ haar)	gris, canoso (adj)	[gris], [kaˈnoso]
kaal (bn)	calvo (adj)	[ˈkalʲβo]
kale plek (de)	calva (f)	[ˈkalʲβa]

| paardenstaart (de) | cola (f) de caballo | ['kolʲa de ka'βajo] |
| pony (de) | flequillo (m) | [fle'kijo] |

62. Menselijk lichaam

| hand (de) | mano (f) | ['mano] |
| arm (de) | brazo (m) | ['braθo] |

vinger (de)	dedo (m)	['deðo]
teen (de)	dedo (m) del pie	['deðo delʲ pje]
duim (de)	dedo (m) pulgar	['deðo pulʲ'gar]
pink (de)	dedo (m) meñique	['deðo me'njike]
nagel (de)	uña (f)	['unja]

vuist (de)	puño (m)	['punjo]
handpalm (de)	palma (f)	['palʲma]
pols (de)	muñeca (f)	[mu'njeka]
voorarm (de)	antebrazo (m)	[ante·'βraθo]
elleboog (de)	codo (m)	['koðo]
schouder (de)	hombro (m)	['ombro]

been (rechter ~)	pierna (f)	['pjerna]
voet (de)	planta (f)	['plʲanta]
knie (de)	rodilla (f)	[ro'ðija]
kuit (de)	pantorrilla (f)	[panto'rija]
heup (de)	cadera (f)	[ka'ðera]
hiel (de)	talón (m)	[ta'lʲon]

lichaam (het)	cuerpo (m)	[ku'erpo]
buik (de)	vientre (m)	['bjentre]
borst (de)	pecho (m)	['petʃo]
borst (de)	seno (m)	['seno]
zijde (de)	lado (m), costado (m)	['lʲaðo], [kos'taðo]
rug (de)	espalda (f)	[es'palʲda]
lage rug (de)	zona (f) lumbar	['θona lʲum'bar]
taille (de)	cintura (f), talle (m)	[θin'tura], ['taje]

navel (de)	ombligo (m)	[om'bligo]
billen (mv.)	nalgas (f pl)	['nalʲgas]
achterwerk (het)	trasero (m)	[tra'sero]

huidvlek (de)	lunar (m)	[lʲu'nar]
moedervlek (de)	marca (f) de nacimiento	['marka de naθi'mjento]
tatoeage (de)	tatuaje (m)	[tatu'aχe]
litteken (het)	cicatriz (f)	[sika'triθ]

63. Ziekten

ziekte (de)	enfermedad (f)	[eɱferme'ðað]
ziek zijn (ww)	estar enfermo	[es'tar eɱ'fermo]
gezondheid (de)	salud (f)	[sa'lʲuð]
snotneus (de)	resfriado (m)	[resfri'aðo]

angina (de)	angina (f)	[an'χina]
verkoudheid (de)	resfriado (m)	[resfri'aðo]
verkouden raken (ww)	resfriarse (vr)	[resfri'arse]

bronchitis (de)	bronquitis (f)	[broŋ'kitis]
longontsteking (de)	pulmonía (f)	[pulʲmo'nia]
griep (de)	gripe (f)	['gripe]

bijziend (bn)	miope (adj)	[mi'ope]
verziend (bn)	présbita (adj)	['presβita]
scheelheid (de)	estrabismo (m)	[estra'βismo]
scheel (bn)	estrábico (m) (adj)	[es'traβiko]
grauwe staar (de)	catarata (f)	[kata'rata]
glaucoom (het)	glaucoma (m)	[glʲau'koma]

beroerte (de)	insulto (m)	[in'sulʲto]
hartinfarct (het)	ataque (m) cardiaco	[a'take kar'ðjako]
myocardiaal infarct (het)	infarto (m) de miocardio	[iɱ'farto de mio'karðio]
verlamming (de)	parálisis (f)	[pa'ralisis]
verlammen (ww)	paralizar (vt)	[parali'θar]

allergie (de)	alergia (f)	[a'lerχia]
astma (de/het)	asma (f)	['asma]
diabetes (de)	diabetes (f)	[dia'βetes]

| tandpijn (de) | dolor (m) de muelas | [do'lʲor de mu'elʲas] |
| tandbederf (het) | caries (f) | ['karies] |

diarree (de)	diarrea (f)	[dia'rea]
constipatie (de)	estreñimiento (m)	[estrenji'mjento]
maagstoornis (de)	molestia (f) estomacal	[mo'lestja estoma'kalʲ]
voedselvergiftiging (de)	envenenamiento (m)	[embenena'mjento]
voedselvergiftiging oplopen	envenenarse (vr)	[embene'narse]

artritis (de)	artritis (f)	[ar'tritis]
rachitis (de)	raquitismo (m)	[raki'tismo]
reuma (het)	reumatismo (m)	[reuma'tismo]
arteriosclerose (de)	aterosclerosis (f)	[ateroskle'rosis]

gastritis (de)	gastritis (f)	[gas'tritis]
blindedarmontsteking (de)	apendicitis (f)	[apendi'θitis]
galblaasontsteking (de)	colecistitis (f)	[koleθis'titis]
zweer (de)	úlcera (f)	['ulʲθera]

mazelen (mv.)	sarampión (m)	[saram'pjon]
rodehond (de)	rubeola (f)	[ruβe'olʲa]
geelzucht (de)	ictericia (f)	[ikte'riθia]
leverontsteking (de)	hepatitis (f)	[epa'titis]

schizofrenie (de)	esquizofrenia (f)	[eskiθo'frenia]
dolheid (de)	rabia (f)	['raβia]
neurose (de)	neurosis (f)	[neu'rosis]
hersenschudding (de)	conmoción (f) cerebral	[konmo'θjon θere'βralʲ]

| kanker (de) | cáncer (m) | ['kanθer] |
| sclerose (de) | esclerosis (f) | [eskle'rosis] |

multiple sclerose (de)	esclerosis (f) múltiple	[eskle'rosis 'mulˡtiple]
alcoholisme (het)	alcoholismo (m)	[alˡkoo'lismo]
alcoholicus (de)	alcohólico (m)	[alˡko'oliko]
syfilis (de)	sífilis (f)	['sifilis]
AIDS (de)	SIDA (m)	['siða]

tumor (de)	tumor (m)	[tu'mor]
kwaadaardig (bn)	maligno (adj)	[ma'liɣno]
goedaardig (bn)	benigno (adj)	[be'niɣno]
koorts (de)	fiebre (f)	['fjeβre]
malaria (de)	malaria (f)	[ma'lˡaria]
gangreen (het)	gangrena (f)	[gan'grena]
zeeziekte (de)	mareo (m)	[ma'reo]
epilepsie (de)	epilepsia (f)	[epi'lepsia]

epidemie (de)	epidemia (f)	[epi'ðemia]
tyfus (de)	tifus (m)	['tifus]
tuberculose (de)	tuberculosis (f)	[tuβerku'lˡosis]
cholera (de)	cólera (f)	['kolera]
pest (de)	peste (f)	['peste]

64. Symptomen. Behandelingen. Deel 1

symptoom (het)	síntoma (m)	['sintoma]
temperatuur (de)	temperatura (f)	[tempera'tura]
verhoogde temperatuur (de)	fiebre (f)	['fjeβre]
polsslag (de)	pulso (m)	['pulˡso]

duizeling (de)	mareo (m)	[ma'reo]
heet (erg warm)	caliente (adj)	[ka'ljente]
koude rillingen (mv.)	escalofrío (m)	[eskalˡo'frio]
bleek (bn)	pálido (adj)	['paliðo]

hoest (de)	tos (f)	[tos]
hoesten (ww)	toser (vi)	[to'ser]
niezen (ww)	estornudar (vi)	[estornu'ðar]
flauwte (de)	desmayo (m)	[des'majo]
flauwvallen (ww)	desmayarse (vr)	[desma'jarse]

blauwe plek (de)	moradura (f)	[mora'ðura]
buil (de)	chichón (m)	[ʧi'ʧon]
zich stoten (ww)	golpearse (vr)	[golˡpe'arse]
kneuzing (de)	magulladura (f)	[maguja'ðura]
kneuzen (gekneusd zijn)	magullarse (vr)	[magu'jarse]

hinken (ww)	cojear (vi)	[koχe'ar]
verstuiking (de)	dislocación (f)	[dislˡoka'θjon]
verstuiken (enkel, enz.)	dislocar (vt)	[dislˡo'kar]
breuk (de)	fractura (f)	[frak'tura]
een breuk oplopen	tener una fractura	[te'ner 'una frak'tura]

snijwond (de)	corte (m)	['korte]
zich snijden (ww)	cortarse (vr)	[kor'tarse]
bloeding (de)	hemorragia (f)	[emo'raχia]

brandwond (de)	quemadura (f)	[kema'ðura]
zich branden (ww)	quemarse (vr)	[ke'marse]

prikken (ww)	pincharse (vt)	[pin'tʃarse]
zich prikken (ww)	pincharse (vr)	[pin'tʃarse]
blesseren (ww)	herir (vt)	[e'rir]
blessure (letsel)	herida (f)	[e'riða]
wond (de)	lesión (f)	[le'sjon]
trauma (het)	trauma (m)	['trauma]

ijlen (ww)	delirar (vi)	[deli'rar]
stotteren (ww)	tartamudear (vi)	[tartamuðe'ar]
zonnesteek (de)	insolación (f)	[insolʲa'θjon]

65. Symptomen. Behandelingen. Deel 2

pijn (de)	dolor (m)	[do'lʲor]
splinter (de)	astilla (f)	[as'tija]

zweet (het)	sudor (m)	[su'ðor]
zweten (ww)	sudar (vi)	[su'ðar]
braking (de)	vómito (m)	['bomito]
stuiptrekkingen (mv.)	convulsiones (f pl)	[kombulʲ'sjones]

zwanger (bn)	embarazada (adj)	[embara'θaða]
geboren worden (ww)	nacer (vi)	[na'θer]
geboorte (de)	parto (m)	['parto]
baren (ww)	dar a luz	[dar a lʲuθ]
abortus (de)	aborto (m)	[a'βorto]

ademhaling (de)	respiración (f)	[respira'θjon]
inademing (de)	inspiración (f)	[inspira'θjon]
uitademing (de)	espiración (f)	[espira'θjon]
uitademen (ww)	espirar (vi)	[espi'rar]
inademen (ww)	inspirar (vi)	[inspi'rar]

invalide (de)	inválido (m)	[im'baliðo]
gehandicapte (de)	mutilado (m)	[muti'lʲaðo]
drugsverslaafde (de)	drogadicto (m)	[droɣ·a'ðikto]

doof (bn)	sordo (adj)	['sorðo]
stom (bn)	mudo (adj)	['muðo]
doofstom (bn)	sordomudo (adj)	[sorðo'muðo]

krankzinnig (bn)	loco (adj)	['lʲoko]
krankzinnige (man)	loco (m)	['lʲoko]
krankzinnige (vrouw)	loca (f)	['lʲoka]
krankzinnig worden	volverse loco	[bolʲ'βerse 'lʲoko]

gen (het)	gen (m)	[χen]
immuniteit (de)	inmunidad (f)	[inmuni'ðað]
erfelijk (bn)	hereditario (adj)	[ereði'tario]
aangeboren (bn)	de nacimiento (adj)	[de naθi'mjento]
virus (het)	virus (m)	['birus]

69

microbe (de)	microbio (m)	[mi'kroβio]
bacterie (de)	bacteria (f)	[bak'teria]
infectie (de)	infección (f)	[iɱfek'θjon]

66. Symptomen. Behandelingen. Deel 3

| ziekenhuis (het) | hospital (m) | [ospi'talʲ] |
| patiënt (de) | paciente (m) | [pa'θjente] |

diagnose (de)	diagnosis (f)	[dia'ɣnosis]
genezing (de)	cura (f)	['kura]
medische behandeling (de)	tratamiento (m)	[trata'mjento]
onder behandeling zijn	curarse (vr)	[ku'rarse]
behandelen (ww)	tratar (vt)	[tra'tar]
zorgen (zieken ~)	cuidar (vt)	[kui'ðar]
ziekenzorg (de)	cuidados (m pl)	[kui'ðaðos]

operatie (de)	operación (f)	[opera'θjon]
verbinden (een arm ~)	vendar (vt)	[ben'dar]
verband (het)	vendaje (m)	[ben'daχe]

vaccin (het)	vacunación (f)	[bakuna'θjon]
inenten (vaccineren)	vacunar (vt)	[baku'nar]
injectie (de)	inyección (f)	[injek'θjon]
een injectie geven	aplicar una inyección	[apli'kar 'una injek'θjon]

aanval (de)	ataque (m)	[a'take]
amputatie (de)	amputación (f)	[amputa'θjon]
amputeren (ww)	amputar (vt)	[ampu'tar]
coma (het)	coma (m)	['koma]
in coma liggen	estar en coma	[es'tar en 'koma]
intensieve zorg, ICU (de)	revitalización (f)	[reβitaliθa'θjon]

zich herstellen (ww)	recuperarse (vr)	[rekupe'rarse]
toestand (de)	estado (m)	[es'taðo]
bewustzijn (het)	consciencia (f)	[kon'θjenθia]
geheugen (het)	memoria (f)	[me'moria]

trekken (een kies ~)	extraer (vt)	[ekstra'er]
vulling (de)	empaste (m)	[em'paste]
vullen (ww)	empastar (vt)	[empas'tar]

| hypnose (de) | hipnosis (f) | [ip'nosis] |
| hypnotiseren (ww) | hipnotizar (vt) | [ipnoti'θar] |

67. Geneeskunde. Medicijnen. Accessoires

geneesmiddel (het)	medicamento (m), droga (f)	[meðika'mento], ['droga]
middel (het)	remedio (m)	[re'meðio]
voorschrijven (ww)	prescribir	[preskri'βir]
recept (het)	receta (f)	[re'θeta]
tablet (de/het)	tableta (f)	[ta'βleta]

zalf (de)	ungüento (m)	[ungu'ento]
ampul (de)	ampolla (f)	[am'poja]
drank (de)	mixtura (f), mezcla (f)	[miks'tura], ['meθklʲa]
siroop (de)	sirope (m)	[si'rope]
pil (de)	píldora (f)	['pilʲdora]
poeder (de/het)	polvo (m)	['polʲβo]
verband (het)	venda (f)	['benda]
watten (mv.)	algodón (m)	[alʲgo'ðon]
jodium (het)	yodo (m)	['joðo]
pleister (de)	tirita (f), curita (f)	[ti'rita], [ku'rita]
pipet (de)	pipeta (f)	[pi'peta]
thermometer (de)	termómetro (m)	[ter'mometro]
spuit (de)	jeringa (f)	[χe'ringa]
rolstoel (de)	silla (f) de ruedas	['sija de ru'eðas]
krukken (mv.)	muletas (f pl)	[mu'letas]
pijnstiller (de)	anestésico (m)	[anes'tesiko]
laxeermiddel (het)	purgante (m)	[pur'gante]
spiritus (de)	alcohol (m)	[alʲko'olʲ]
medicinale kruiden (mv.)	hierba (f) medicinal	['jerβa meðiθi'nalʲ]
kruiden- (abn)	de hierbas (adj)	[de 'jerβas]

APPARTEMENT

appartement (het)	apartamento (m)	[aparta'mento]
kamer (de)	habitación (f)	[aβita'θjon]
slaapkamer (de)	dormitorio (m)	[dormi'torio]
eetkamer (de)	comedor (m)	[kome'ðor]
salon (de)	salón (m)	[sa'lʲon]
studeerkamer (de)	despacho (m)	[des'patʃo]
gang (de)	antecámara (f)	[ante'kamara]
badkamer (de)	cuarto (m) de baño	[ku'arto de 'banjo]
toilet (het)	servicio (m)	[ser'βiθio]
plafond (het)	techo (m)	['tetʃo]
vloer (de)	suelo (m)	[su'elʲo]
hoek (de)	rincón (m)	[rin'kon]

meubels (mv.)	muebles (m pl)	[mu'eβles]
tafel (de)	mesa (f)	['mesa]
stoel (de)	silla (f)	['sija]
bed (het)	cama (f)	['kama]
bankstel (het)	sofá (m)	[so'fa]
fauteuil (de)	sillón (m)	[si'jon]
boekenkast (de)	librería (f)	[liβre'ria]
boekenrek (het)	estante (m)	[es'tante]
kledingkast (de)	armario (m)	[ar'mario]
kapstok (de)	percha (f)	['pertʃa]
staande kapstok (de)	perchero (m) de pie	[per'tʃero de pje]
commode (de)	cómoda (f)	['komoða]
salontafeltje (het)	mesa (f) de café	['mesa de ka'fe]
spiegel (de)	espejo (m)	[es'peχo]
tapijt (het)	tapiz (m)	[ta'piθ]
tapijtje (het)	alfombra (f)	[alʲ'fombra]
haard (de)	chimenea (f)	[tʃime'nea]
kaars (de)	vela (f)	['belʲa]
kandelaar (de)	candelero (m)	[kande'lero]
gordijnen (mv.)	cortinas (f pl)	[kor'tinas]
behang (het)	empapelado (m)	[empape'lʲaðo]
jaloezie (de)	estor (m) de láminas	[es'tor de 'lʲaminas]

72

bureaulamp (de)	lámpara (f) de mesa	['l'ampara de 'mesa]
wandlamp (de)	aplique (m)	[ap'like]
staande lamp (de)	lámpara (f) de pie	['l'ampara de pje]
luchter (de)	lámpara (f) de araña	['l'ampara de a'ranja]

poot (ov. een tafel, enz.)	pata (f)	['pata]
armleuning (de)	brazo (m)	['braθo]
rugleuning (de)	espaldar (m)	[espal''ðar]
la (de)	cajón (m)	[ka'χon]

70. Beddengoed

beddengoed (het)	ropa (f) de cama	['ropa de 'kama]
kussen (het)	almohada (f)	[al'mo'aða]
kussenovertrek (de)	funda (f)	['funda]
deken (de)	manta (f)	['manta]
laken (het)	sábana (f)	['saβana]
sprei (de)	sobrecama (f)	[soβre'kama]

71. Keuken

keuken (de)	cocina (f)	[ko'θina]
gas (het)	gas (m)	[gas]
gasfornuis (het)	cocina (f) de gas	[ko'θina de 'gas]
elektrisch fornuis (het)	cocina (f) eléctrica	[ko'θina e'lektrika]
oven (de)	horno (m)	['orno]
magnetronoven (de)	horno (m) microondas	['orno mikro·'ondas]

koelkast (de)	frigorífico (m)	[frigo'rifiko]
diepvriezer (de)	congelador (m)	[konχel'a'ðor]
vaatwasmachine (de)	lavavajillas (m)	['l'aβa·βa'χijas]

vleesmolen (de)	picadora (f) de carne	[pika'ðora de 'karne]
vruchtenpers (de)	exprimidor (m)	[eksprimi'ðor]
toaster (de)	tostador (m)	[tosta'ðor]
mixer (de)	batidora (f)	[bati'ðora]

koffiemachine (de)	cafetera (f)	[kafe'tera]
koffiepot (de)	cafetera (f)	[kafe'tera]
koffiemolen (de)	molinillo (m) de café	[moli'nijo de ka'fe]

fluitketel (de)	hervidor (m) de agua	[erβi'ðor de 'agua]
theepot (de)	tetera (f)	[te'tera]
deksel (de/het)	tapa (f)	['tapa]
theezeefje (het)	colador (m) de té	[kol'a'ðor de te]

lepel (de)	cuchara (f)	[ku'tʃara]
theelepeltje (het)	cucharilla (f)	[kutʃa'rija]
eetlepel (de)	cuchara (f) de sopa	[ku'tʃara de 'sopa]
vork (de)	tenedor (m)	[tene'ðor]
mes (het)	cuchillo (m)	[ku'tʃijo]
vaatwerk (het)	vajilla (f)	[ba'χija]

| bord (het) | plato (m) | ['plʲato] |
| schoteltje (het) | platillo (m) | [plʲa'tijo] |

likeurglas (het)	vaso (m) de chupito	['baso de ʧu'pito]
glas (het)	vaso (m)	['baso]
kopje (het)	taza (f)	['taθa]

suikerpot (de)	azucarera (f)	[aθuka'rera]
zoutvat (het)	salero (m)	[sa'lero]
pepervat (het)	pimentero (m)	[pimen'tero]
boterschaaltje (het)	mantequera (f)	[mante'kera]

pan (de)	cacerola (f)	[kaθe'rolʲa]
bakpan (de)	sartén (f)	[sar'ten]
pollepel (de)	cucharón (m)	[kuʧa'ron]
vergiet (de/het)	colador (m)	[kolʲa'ðor]
dienblad (het)	bandeja (f)	[ban'deχa]

fles (de)	botella (f)	[bo'teja]
glazen pot (de)	tarro (m) de vidrio	['taro de 'biðrio]
blik (conserven~)	lata (f)	['lʲata]

flesopener (de)	abrebotellas (m)	[aβre·βo'tejas]
blikopener (de)	abrelatas (m)	[aβre·'lʲatas]
kurkentrekker (de)	sacacorchos (m)	[saka'korʧos]
filter (de/het)	filtro (m)	['filʲtro]
filteren (ww)	filtrar (vt)	[filʲ'trar]

| huisvuil (het) | basura (f) | [ba'sura] |
| vuilnisemmer (de) | cubo (m) de basura | ['kuβo de ba'sura] |

72. Badkamer

badkamer (de)	cuarto (m) de baño	[ku'arto de 'banjo]
water (het)	agua (f)	['agua]
kraan (de)	grifo (m)	['grifo]
warm water (het)	agua (f) caliente	['agua ka'ljente]
koud water (het)	agua (f) fría	['agua 'fria]

tandpasta (de)	pasta (f) de dientes	['pasta de 'djentes]
tanden poetsen (ww)	limpiarse los dientes	[lim'pjarse los 'djentes]
tandenborstel (de)	cepillo (m) de dientes	[θe'pijo de 'djentes]

zich scheren (ww)	afeitarse (vr)	[afej'tarse]
scheercrème (de)	espuma (f) de afeitar	[es'puma de afej'tar]
scheermes (het)	maquinilla (f) de afeitar	[maki'nija de afej'tar]

wassen (ww)	lavar (vt)	[lʲa'βar]
een bad nemen	darse un baño	['darse un 'banjo]
douche (de)	ducha (f)	['duʧa]
een douche nemen	darse una ducha	['darse 'una 'duʧa]

| bad (het) | bañera (f) | [ba'njera] |
| toiletpot (de) | inodoro (m) | [ino'ðoro] |

wastafel (de)	lavabo (m)	[lʲa'βaβo]
zeep (de)	jabón (m)	[xa'βon]
zeepbakje (het)	jabonera (f)	[xaβo'nera]

spons (de)	esponja (f)	[es'ponxa]
shampoo (de)	champú (m)	[ʧam'pu]
handdoek (de)	toalla (f)	[to'aja]
badjas (de)	bata (f) de baño	['bata de 'banjo]

was (bijv. handwas)	colada (f), lavado (m)	[ko'lʲaða], [lʲa'βaðo]
wasmachine (de)	lavadora (f)	[lʲaβa'ðora]
de was doen	lavar la ropa	[lʲa'βar lʲa 'ropa]
waspoeder (de)	detergente (m) en polvo	[deter'xente en 'polʲβo]

73. Huishoudelijke apparaten

televisie (de)	televisor (m)	[teleβi'sor]
cassettespeler (de)	magnetófono (m)	[maɣne'tofono]
videorecorder (de)	vídeo (m)	['biðeo]
radio (de)	radio (m)	['raðio]
speler (de)	reproductor (m)	[reproðuk'tor]

videoprojector (de)	proyector (m) de vídeo	[projek'tor de 'biðeo]
home theater systeem (het)	sistema (m) home cinema	[sis'tema 'xoum 'θinema]
DVD-speler (de)	reproductor (m) de DVD	reproðuk'tor de deβe'de]
versterker (de)	amplificador (m)	[amplifika'ðor]
spelconsole (de)	videoconsola (f)	[biðeo·kon'solʲa]

videocamera (de)	cámara (f) de vídeo	['kamara de 'biðeo]
fotocamera (de)	cámara (f) fotográfica	['kamara foto'ɣrafika]
digitale camera (de)	cámara (f) digital	['kamara dixi'talʲ]

stofzuiger (de)	aspirador (m), aspiradora (f)	[aspira'ðor], [aspira'ðora]
strijkijzer (het)	plancha (f)	['plʲanʧa]
strijkplank (de)	tabla (f) de planchar	['taβlʲa de plʲan'ʧar]

telefoon (de)	teléfono (m)	[te'lʲefono]
mobieltje (het)	teléfono (m) móvil	[te'lʲefono 'moβilʲ]
schrijfmachine (de)	máquina (f) de escribir	['makina de eskri'βir]
naaimachine (de)	máquina (f) de coser	['makina de ko'ser]

microfoon (de)	micrófono (m)	[mi'krofono]
koptelefoon (de)	auriculares (m pl)	[auriku'lʲares]
afstandsbediening (de)	mando (m) a distancia	['mando a dis'tanθia]

CD (de)	disco compacto (m)	['disko kom'pakto]
cassette (de)	casete (m)	[ka'sete]
vinylplaat (de)	disco (m) de vinilo	['disko de bi'nilʲo]

DE AARDE. WEER

74. De kosmische ruimte

kosmos (de)	**cosmos** (m)	['kosmos]
kosmisch (bn)	**espacial, cósmico** (adj)	[espa'θjalʲ], ['kosmiko]
kosmische ruimte (de)	**espacio** (m) **cósmico**	[es'paθjo 'kosmiko]
heelal (het)	**universo** (m)	[uni'βerso]
sterrenstelsel (het)	**galaxia** (f)	[ga'lʲaksia]
ster (de)	**estrella** (f)	[es'treja]
sterrenbeeld (het)	**constelación** (f)	[konstelʲa'θjon]
planeet (de)	**planeta** (m)	[plʲa'neta]
satelliet (de)	**satélite** (m)	[sa'telite]
meteoriet (de)	**meteorito** (m)	[meteo'rito]
komeet (de)	**cometa** (m)	[ko'meta]
asteroïde (de)	**asteroide** (m)	[aste'roiðe]
baan (de)	**órbita** (f)	['orβita]
draaien (om de zon, enz.)	**girar** (vi)	[χi'rar]
atmosfeer (de)	**atmósfera** (f)	[að'mosfera]
Zon (de)	**Sol** (m)	[solʲ]
zonnestelsel (het)	**sistema** (m) **solar**	[sis'tema so'lʲar]
zonsverduistering (de)	**eclipse** (m) **de Sol**	[e'klipse de solʲ]
Aarde (de)	**Tierra** (f)	['tjera]
Maan (de)	**Luna** (f)	['lʲuna]
Mars (de)	**Marte** (m)	['marte]
Venus (de)	**Venus** (f)	['benus]
Jupiter (de)	**Júpiter** (m)	['χupiter]
Saturnus (de)	**Saturno** (m)	[sa'turno]
Mercurius (de)	**Mercurio** (m)	[mer'kurio]
Uranus (de)	**Urano** (m)	[u'rano]
Neptunus (de)	**Neptuno** (m)	[nep'tuno]
Pluto (de)	**Plutón** (m)	[plʲu'ton]
Melkweg (de)	**la Vía Láctea**	[lʲa 'bia 'lʲaktea]
Grote Beer (de)	**la Osa Mayor**	[lʲa 'osa ma'jor]
Poolster (de)	**la Estrella Polar**	[lʲa es'treja po'lʲar]
marsmannetje (het)	**marciano** (m)	[mar'θjano]
buitenaards wezen (het)	**extraterrestre** (m)	[ekstrate'restre]
bovenaards (het)	**planetícola** (m)	[plʲane'tikolʲa]
vliegende schotel (de)	**platillo** (m) **volante**	[plʲa'tijo bo'lʲante]
ruimtevaartuig (het)	**nave** (f) **espacial**	['naβe espa'θjalʲ]

ruimtestation (het)	estación (f) orbital	[esta'θjon orβi'talʲ]
start (de)	despegue (m)	[des'pege]
motor (de)	motor (m)	[mo'tor]
straalpijp (de)	tobera (f)	[to'βera]
brandstof (de)	combustible (m)	[kombus'tiβle]
cabine (de)	carlinga (f)	[kar'linga]
antenne (de)	antena (f)	[an'tena]
patrijspoort (de)	ventana (f)	[ben'tana]
zonnebatterij (de)	batería (f) solar	[bate'ria so'lʲar]
ruimtepak (het)	escafandra (f)	[eska'fandra]
gewichtloosheid (de)	ingravidez (f)	[ingraβi'ðeθ]
zuurstof (de)	oxígeno (m)	[o'ksiχeno]
koppeling (de)	atraque (m)	[a'trake]
koppeling maken	realizar el atraque	[reali'θar elʲ a'trake]
observatorium (het)	observatorio (m)	[oβserβa'torio]
telescoop (de)	telescopio (m)	[teles'kopio]
waarnemen (ww)	observar (vt)	[oβser'βar]
exploreren (ww)	explorar (vt)	[eksplʲo'rar]

75. De Aarde

Aarde (de)	Tierra (f)	['tjera]
aardbol (de)	globo (m) terrestre	['glʲoβo te'restre]
planeet (de)	planeta (m)	[plʲa'neta]
atmosfeer (de)	atmósfera (f)	[að'mosfera]
aardrijkskunde (de)	geografía (f)	[χeoɣra'fia]
natuur (de)	naturaleza (f)	[natura'leθa]
wereldbol (de)	globo (m) terráqueo	['glʲoβo te'rakeo]
kaart (de)	mapa (m)	['mapa]
atlas (de)	atlas (m)	['atlʲas]
Europa (het)	Europa (f)	[eu'ropa]
Azië (het)	Asia (f)	['asia]
Afrika (het)	África (f)	['afrika]
Australië (het)	Australia (f)	[aus'tralia]
Amerika (het)	América (f)	[a'merika]
Noord-Amerika (het)	América (f) del Norte	[a'merika delʲ 'norte]
Zuid-Amerika (het)	América (f) del Sur	[a'merika delʲ 'sur]
Antarctica (het)	Antártida (f)	[an'tartiða]
Arctis (de)	Ártico (m)	['artiko]

76. Windrichtingen

noorden (het)	norte (m)	['norte]
naar het noorden	al norte	[alʲ 'norte]

| in het noorden | en el norte | [en elʲ 'norte] |
| noordelijk (bn) | del norte (adj) | [delʲ 'norte] |

zuiden (het)	sur (m)	[sur]
naar het zuiden	al sur	[alʲ sur]
in het zuiden	en el sur	[en elʲ sur]
zuidelijk (bn)	del sur (adj)	[delʲ sur]

westen (het)	oeste (m)	[o'este]
naar het westen	al oeste	[alʲ o'este]
in het westen	en el oeste	[en elʲ o'este]
westelijk (bn)	del oeste (adj)	[delʲ o'este]

oosten (het)	este (m)	['este]
naar het oosten	al este	[alʲ 'este]
in het oosten	en el este	[en elʲ 'este]
oostelijk (bn)	del este (adj)	[delʲ 'este]

77. Zee. Oceaan

zee (de)	mar (m)	[mar]
oceaan (de)	océano (m)	[o'θeano]
golf (baai)	golfo (m)	['golʲfo]
straat (de)	estrecho (m)	[es'tretʃo]

grond (vaste grond)	tierra (f) firme	['tjera 'firme]
continent (het)	continente (m)	[konti'nente]
eiland (het)	isla (f)	['islʲa]
schiereiland (het)	península (f)	[pe'ninsulʲa]
archipel (de)	archipiélago (m)	[artʃipi'elʲago]

baai, bocht (de)	bahía (f)	[ba'ia]
haven (de)	ensenada, bahía (f)	[ba'ia]
lagune (de)	laguna (f)	[lʲa'guna]
kaap (de)	cabo (m)	['kaβo]

atol (de)	atolón (m)	[ato'lʲon]
rif (het)	arrecife (m)	[are'θife]
koraal (het)	coral (m)	[ko'ralʲ]
koraalrif (het)	arrecife (m) de coral	[are'θife de ko'ralʲ]

diep (bn)	profundo (adj)	[pro'fundo]
diepte (de)	profundidad (f)	[profundi'ðað]
diepzee (de)	abismo (m)	[a'βismo]
trog (bijv. Marianentrog)	fosa (f) oceánica	['fosa oθe'anika]

| stroming (de) | corriente (f) | [ko'rjente] |
| omspoelen (ww) | bañar (vt) | [ba'njar] |

| oever (de) | orilla (f) | [o'rija] |
| kust (de) | costa (f) | ['kosta] |

| vloed (de) | flujo (m) | ['flʲuχo] |
| eb (de) | reflujo (m) | [re'flʲuχo] |

| ondiepte (ondiep water) | banco (m) de arena | ['baŋko de a'rena] |
| bodem (de) | fondo (m) | ['fondo] |

golf (hoge ~)	ola (f)	['olʲa]
golfkam (de)	cresta (f) de la ola	['kresta de lʲa 'olʲa]
schuim (het)	espuma (f)	[es'puma]

storm (de)	tempestad (f)	[tempes'tað]
orkaan (de)	huracán (m)	[ura'kan]
tsunami (de)	tsunami (m)	[tsu'nami]
windstilte (de)	bonanza (f)	[bo'nanθa]
kalm (bijv. ~e zee)	calmo, tranquilo (adj)	['kalʲmo], [traŋ'kilʲo]

| pool (de) | polo (m) | ['polʲo] |
| polair (bn) | polar (adj) | [po'lʲar] |

breedtegraad (de)	latitud (f)	[lʲati'tuð]
lengtegraad (de)	longitud (f)	[lʲonχi'tuð]
parallel (de)	paralelo (m)	[para'lelʲo]
evenaar (de)	ecuador (m)	[ekua'ðor]

hemel (de)	cielo (m)	['θjelʲo]
horizon (de)	horizonte (m)	[ori'θonte]
lucht (de)	aire (m)	['aire]

vuurtoren (de)	faro (m)	['faro]
duiken (ww)	bucear (vi)	[buθe'ar]
zinken (ov. een boot)	hundirse (vr)	[un'dirse]
schatten (mv.)	tesoros (m pl)	[te'soros]

78. Namen van zeeën en oceanen

Atlantische Oceaan (de)	océano (m) Atlántico	[o'θeano at'lʲantiko]
Indische Oceaan (de)	océano (m) Índico	[o'θeano 'indiko]
Stille Oceaan (de)	océano (m) Pacífico	[o'θeano pa'sifiko]
Noordelijke IJszee (de)	océano (m) Glacial Ártico	[o'θeano glʲa'θjalʲ 'artiko]

Zwarte Zee (de)	mar (m) Negro	[mar 'neɣro]
Rode Zee (de)	mar (m) Rojo	[mar 'roχo]
Gele Zee (de)	mar (m) Amarillo	[mar ama'rijo]
Witte Zee (de)	mar (m) Blanco	[mar 'blʲaŋko]

Kaspische Zee (de)	mar (m) Caspio	[mar 'kaspio]
Dode Zee (de)	mar (m) Muerto	[mar mu'erto]
Middellandse Zee (de)	mar (m) Mediterráneo	[mar meðite'raneo]

| Egeïsche Zee (de) | mar (m) Egeo | [mar e'χeo] |
| Adriatische Zee (de) | mar (m) Adriático | [mar aðri'atiko] |

Arabische Zee (de)	mar (m) Arábigo	[mar a'raβigo]
Japanse Zee (de)	mar (m) del Japón	[mar delʲ χa'pon]
Beringzee (de)	mar (m) de Bering	[mar de 'beriŋ]
Zuid-Chinese Zee (de)	mar (m) de la China Meridional	[mar de lʲa 'ʃina meriðjo'nalʲ]

Koraalzee (de)	mar (m) del Coral	[mar delʲ koˈralʲ]
Tasmanzee (de)	mar (m) de Tasmania	[mar de tasˈmania]
Caribische Zee (de)	mar (m) Caribe	[mar kariˈβe]
Barentszzee (de)	mar (m) de Barents	[mar de baˈrents]
Karische Zee (de)	mar (m) de Kara	[mar de ˈkara]
Noordzee (de)	mar (m) del Norte	[ˈmar delʲ ˈnorte]
Baltische Zee (de)	mar (m) Báltico	[mar ˈbaltiko]
Noorse Zee (de)	mar (m) de Noruega	[mar de noruˈega]

79. Bergen

berg (de)	montaña (f)	[monˈtanja]
bergketen (de)	cadena (f) de montañas	[kaˈðena de monˈtanjas]
gebergte (het)	cresta (f) de montañas	[ˈkresta de monˈtanjas]
bergtop (de)	cima (f)	[ˈθima]
bergpiek (de)	pico (m)	[ˈpiko]
voet (ov. de berg)	pie (m)	[pje]
helling (de)	cuesta (f)	[kuˈesta]
vulkaan (de)	volcán (m)	[bolʲˈkan]
actieve vulkaan (de)	volcán (m) activo	[bolʲˈkan akˈtiβo]
uitgedoofde vulkaan (de)	volcán (m) apagado	[bolʲˈkan apaˈgaðo]
uitbarsting (de)	erupción (f)	[erupˈθjon]
krater (de)	cráter (m)	[ˈkrater]
magma (het)	magma (m)	[ˈmaɣma]
lava (de)	lava (f)	[ˈlʲaβa]
gloeiend (~e lava)	fundido (adj)	[funˈdiðo]
kloof (canyon)	cañón (m)	[kaˈnjon]
bergkloof (de)	desfiladero (m)	[desfilʲaˈðero]
spleet (de)	grieta (f)	[griˈeta]
afgrond (de)	precipicio (m)	[preθiˈpiθio]
bergpas (de)	puerto (m)	[puˈerto]
plateau (het)	meseta (f)	[meˈseta]
klip (de)	roca (f)	[ˈroka]
heuvel (de)	colina (f)	[koˈlina]
gletsjer (de)	glaciar (m)	[glʲaˈθjar]
waterval (de)	cascada (f)	[kasˈkaða]
geiser (de)	geiser (m)	[ˈχejser]
meer (het)	lago (m)	[ˈlʲago]
vlakte (de)	llanura (f)	[jaˈnura]
landschap (het)	paisaje (m)	[pajˈsaχe]
echo (de)	eco (m)	[ˈeko]
alpinist (de)	alpinista (m)	[alʲpiˈnista]
bergbeklimmer (de)	escalador (m)	[eskalʲaˈðor]
trotseren (berg ~)	conquistar (vt)	[koŋkisˈtar]
beklimming (de)	ascensión (f)	[aθenˈsjon]

80. Bergen namen

Alpen (de)	Alpes (m pl)	['alˈpes]
Mont Blanc (de)	Montblanc (m)	[mon'blˈank]
Pyreneeën (de)	Pirineos (m pl)	[piri'neos]

Karpaten (de)	Cárpatos (m pl)	['karpatos]
Oeralgebergte (het)	Urales (m pl)	[u'rales]
Kaukasus (de)	Cáucaso (m)	['kaukaso]
Elbroes (de)	Elbrus (m)	['elˈβrus]

Altaj (de)	Altai (m)	[alˈ'taj]
Tiensjan (de)	Tian-Shan (m)	['tjan 'ʃan]
Pamir (de)	Pamir (m)	[pa'mir]
Himalaya (de)	Himalayos (m pl)	[ima'lˈajos]
Everest (de)	Everest (m)	[eβe'rest]

| Andes (de) | Andes (m pl) | ['andes] |
| Kilimanjaro (de) | Kilimanjaro (m) | [kiliman'χaro] |

81. Rivieren

rivier (de)	río (m)	['rio]
bron (~ van een rivier)	manantial (m)	[manan'tjalˈ]
rivierbedding (de)	lecho (m)	['letʃo]
rivierbekken (het)	cuenca (f) fluvial	[ku'eŋka flˈu'βjalˈ]
uitmonden in …	desembocar en …	[desembo'kar en]

| zijrivier (de) | afluente (m) | [aflˈu'ente] |
| oever (de) | orilla (f), ribera (f) | [o'rija], [ri'βera] |

stroming (de)	corriente (f)	[ko'rjente]
stroomafwaarts (bw)	río abajo (adv)	['rio a'βaχo]
stroomopwaarts (bw)	río arriba (adv)	['rio a'riβa]

overstroming (de)	inundación (f)	[inunda'θjon]
overstroming (de)	riada (f)	['rjaða]
buiten zijn oevers treden	desbordarse (vr)	[desβor'ðarse]
overstromen (ww)	inundar (vt)	[inun'dar]

| zandbank (de) | bajo (m) arenoso | ['baχo are'noso] |
| stroomversnelling (de) | rápido (m) | ['rapiðo] |

dam (de)	presa (f)	['presa]
kanaal (het)	canal (m)	[ka'nalˈ]
spaarbekken (het)	lago (m) artificial	['lˈago artifi'θjale]
sluis (de)	esclusa (f)	[es'klˈusa]

waterlichaam (het)	cuerpo (m) de agua	[ku'erpo de 'agua]
moeras (het)	pantano (m)	[pan'tano]
broek (het)	ciénaga (f)	['θjenaga]
draaikolk (de)	remolino (m)	[remo'lino]
stroom (de)	arroyo (m)	[a'rojo]

drink- (abn)	potable (adj)	[po'taβle]
zoet (~ water)	dulce (adj)	['dulʲθe]
ijs (het)	hielo (m)	['jelʲo]
bevriezen (rivier, enz.)	helarse (vr)	[e'lʲarse]

82. Namen van rivieren

Seine (de)	Sena (m)	['sena]
Loire (de)	Loira (m)	['lʲojra]
Theems (de)	Támesis (m)	['tamesis]
Rijn (de)	Rin (m)	[rin]
Donau (de)	Danubio (m)	[da'nuβio]
Wolga (de)	Volga (m)	['bolʲga]
Don (de)	Don (m)	[don]
Lena (de)	Lena (m)	['lena]
Gele Rivier (de)	Río (m) Amarillo	['rio ama'rijo]
Blauwe Rivier (de)	Río (m) Azul	['rio a'θulʲ]
Mekong (de)	Mekong (m)	[me'kong]
Ganges (de)	Ganges (m)	['ganges]
Nijl (de)	Nilo (m)	['nilʲo]
Kongo (de)	Congo (m)	['kongo]
Okavango (de)	Okavango (m)	[oka'βango]
Zambezi (de)	Zambeze (m)	[sam'beθe]
Limpopo (de)	Limpopo (m)	[limpo'po]
Mississippi (de)	Misisipi (m)	[misi'sipi]

83. Bos

bos (het)	bosque (m)	['boske]
bos- (abn)	de bosque (adj)	[de 'boske]
oerwoud (dicht bos)	espesura (f)	[espe'sura]
bosje (klein bos)	bosquecillo (m)	[bokse'θijo]
open plek (de)	claro (m)	['klʲaro]
struikgewas (het)	maleza (f)	[ma'leθa]
struiken (mv.)	matorral (m)	[mato'ralʲ]
paadje (het)	senda (f)	['senda]
ravijn (het)	barranco (m)	[ba'raŋko]
boom (de)	árbol (m)	['arβolʲ]
blad (het)	hoja (f)	['oχa]
gebladerte (het)	follaje (m)	[fo'jaχe]
vallende bladeren (mv.)	caída (f) de hojas	[ka'iða de 'oχas]
vallen (ov. de bladeren)	caer (vi)	[ka'er]

boomtop (de)	cima (f)	['θima]
tak (de)	rama (f)	['rama]
ent (de)	rama (f)	['rama]
knop (de)	brote (m)	['brote]
naald (de)	aguja (f)	[a'guxa]
dennenappel (de)	piña (f)	['pinja]

boom holte (de)	agujero (m)	[agu'xero]
nest (het)	nido (m)	['niðo]

stam (de)	tronco (m)	['troŋko]
wortel (bijv. boom~s)	raíz (f)	[ra'iθ]
schors (de)	corteza (f)	[kor'teθa]
mos (het)	musgo (m)	['musgo]

ontwortelen (een boom)	extirpar (vt)	[estir'par]
kappen (een boom ~)	talar (vt)	[ta'lʲar]
ontbossen (ww)	deforestar (vt)	[defores'tar]
stronk (de)	tocón (m)	[to'kon]

kampvuur (het)	hoguera (f)	[o'gera]
bosbrand (de)	incendio (m) forestal	[in'θendjo fores'talʲ]
blussen (ww)	apagar (vt)	[apa'gar]

boswachter (de)	guarda (m) forestal	[gu'arða fores'talʲ]
bescherming (de)	protección (f)	[protek'θjon]
beschermen (bijv. de natuur ~)	proteger (vt)	[prote'xer]
stroper (de)	cazador (m) furtivo	[kaθa'ðor fur'tiβo]
val (de)	cepo (m)	['θepo]

plukken (vruchten, enz.)	recoger (vt)	[reko'xer]
verdwalen (de weg kwijt zijn)	perderse (vr)	[per'ðerse]

84. Natuurlijke hulpbronnen

natuurlijke rijkdommen (mv.)	recursos (m pl) naturales	[re'kursos natu'rales]
delfstoffen (mv.)	recursos (m pl) subterráneos	[re'kursos suβte'raneos]
lagen (mv.)	depósitos (m pl)	[de'positos]
veld (bijv. olie~)	yacimiento (m)	[jaθi'mjento]

winnen (uit erts ~)	extraer (vt)	[ekstra'er]
winning (de)	extracción (f)	[ekstrak'θjon]
erts (het)	mena (f)	['mena]
mijn (bijv. kolenmijn)	mina (f)	['mina]
mijnschacht (de)	pozo (m) de mina	['poθo de 'mina]
mijnwerker (de)	minero (m)	[mi'nero]

gas (het)	gas (m)	[gas]
gasleiding (de)	gasoducto (m)	[gaso'ðukto]

olie (aardolie)	petróleo (m)	[pe'troleo]
olieleiding (de)	oleoducto (m)	[oleo'ðukto]
oliebron (de)	pozo (m) de petróleo	['poθo de pe'troleo]

boortoren (de)	torre (f) de sondeo	['tore de son'deo]
tanker (de)	petrolero (m)	[petro'lero]
zand (het)	arena (f)	[a'rena]
kalksteen (de)	caliza (f)	[ka'liθa]
grind (het)	grava (f)	['graβa]
veen (het)	turba (f)	['turβa]
klei (de)	arcilla (f)	[ar'θija]
steenkool (de)	carbón (m)	[kar'βon]
ijzer (het)	hierro (m)	['jero]
goud (het)	oro (m)	['oro]
zilver (het)	plata (f)	['plʲata]
nikkel (het)	níquel (m)	['nikelʲ]
koper (het)	cobre (m)	['koβre]
zink (het)	zinc (m)	[θiŋk]
mangaan (het)	manganeso (m)	[manga'neso]
kwik (het)	mercurio (m)	[mer'kurio]
lood (het)	plomo (m)	['plʲomo]
mineraal (het)	mineral (m)	[mine'ralʲ]
kristal (het)	cristal (m)	[kris'talʲ]
marmer (het)	mármol (m)	['marmolʲ]
uraan (het)	uranio (m)	[u'ranio]

85. Weer

weer (het)	tiempo (m)	['tjempo]
weersvoorspelling (de)	previsión (f) del tiempo	[preβi'sjon delʲ 'tjempo]
temperatuur (de)	temperatura (f)	[tempera'tura]
thermometer (de)	termómetro (m)	[ter'mometro]
barometer (de)	barómetro (m)	[ba'rometro]
vochtig (bn)	húmedo (adj)	['umeðo]
vochtigheid (de)	humedad (f)	[ume'ðað]
hitte (de)	bochorno (m)	[bo'ʧorno]
heet (bn)	tórrido (adj)	['toriðo]
het is heet	hace mucho calor	['aθe 'muʧo ka'lʲor]
het is warm	hace calor	['aθe ka'lʲor]
warm (bn)	templado (adj)	[tem'plʲaðo]
het is koud	hace frío	['aθe 'frio]
koud (bn)	frío (adj)	['frio]
zon (de)	sol (m)	[solʲ]
schijnen (de zon)	brillar (vi)	[bri'jar]
zonnig (~e dag)	soleado (adj)	[sole'aðo]
opgaan (ov. de zon)	elevarse (vr)	[ele'βarse]
ondergaan (ww)	ponerse (vr)	[po'nerse]
wolk (de)	nube (f)	['nuβe]
bewolkt (bn)	nuboso (adj)	[nu'βoso]

| regenwolk (de) | nubarrón (m) | [nuβa'ron] |
| somber (bn) | nublado (adj) | [nu'βlʲaðo] |

regen (de)	lluvia (f)	['juβia]
het regent	está lloviendo	[es'ta jo'βjendo]
regenachtig (bn)	lluvioso (adj)	[juβi'oso]
motregenen (ww)	lloviznar (vi)	[joβiθ'nar]

plensbui (de)	aguacero (m)	[agua'θero]
stortbui (de)	chaparrón (m)	[ʧapa'ron]
hard (bn)	fuerte (adj)	[fu'erte]
plas (de)	charco (m)	['ʧarko]
nat worden (ww)	mojarse (vr)	[mo'χarse]

mist (de)	niebla (f)	['njeβlʲa]
mistig (bn)	nebuloso (adj)	[neβu'lʲoso]
sneeuw (de)	nieve (f)	['njeβe]
het sneeuwt	está nevando	[es'ta ne'βando]

86. Zwaar weer. Natuurrampen

noodweer (storm)	tormenta (f)	[tor'menta]
bliksem (de)	relámpago (m)	[re'lʲampago]
flitsen (ww)	relampaguear (vi)	[relʲampage'ar]

donder (de)	trueno (m)	[tru'eno]
donderen (ww)	tronar (vi)	[tro'nar]
het dondert	está tronando	[es'ta tro'nando]

| hagel (de) | granizo (m) | [gra'niθo] |
| het hagelt | está granizando | [es'ta grani'θando] |

| overstromen (ww) | inundar (vt) | [inun'dar] |
| overstroming (de) | inundación (f) | [inunda'θjon] |

aardbeving (de)	terremoto (m)	[tere'moto]
aardschok (de)	sacudida (f)	[saku'ðiða]
epicentrum (het)	epicentro (m)	[epi'θentro]

| uitbarsting (de) | erupción (f) | [erup'θjon] |
| lava (de) | lava (f) | ['lʲaβa] |

wervelwind (de)	torbellino (m)	[torβe'jino]
windhoos (de)	tornado (m)	[tor'naðo]
tyfoon (de)	tifón (m)	[ti'fon]

orkaan (de)	huracán (m)	[ura'kan]
storm (de)	tempestad (f)	[tempes'tað]
tsunami (de)	tsunami (m)	[tsu'nami]

cycloon (de)	ciclón (m)	[θik'lʲon]
onweer (het)	mal tiempo (m)	[malʲ 'tjempo]
brand (de)	incendio (m)	[in'θendio]
ramp (de)	catástrofe (f)	[ka'tastrofe]

meteoriet (de)	**meteorito** (m)	[meteo'rito]
lawine (de)	**avalancha** (f)	[aβa'ʎantʃa]
sneeuwverschuiving (de)	**alud** (m) **de nieve**	[aʲuð de 'njeβe]
sneeuwjacht (de)	**ventisca** (f)	[ben'tiska]
sneeuwstorm (de)	**nevasca** (f)	[ne'βaska]

FAUNA

roofdier (het)	carnívoro (m)	[kar'niβoro]
tijger (de)	tigre (m)	['tiɣre]
leeuw (de)	león (m)	[le'on]
wolf (de)	lobo (m)	['lʲoβo]
vos (de)	zorro (m)	['θoro]
jaguar (de)	jaguar (m)	[χagu'ar]
luipaard (de)	leopardo (m)	[leo'parðo]
jachtluipaard (de)	guepardo (m)	[ge'parðo]
panter (de)	pantera (f)	[pan'tera]
poema (de)	puma (f)	['puma]
sneeuwluipaard (de)	leopardo (m) de las nieves	[leo'parðo de lʲas 'njeβes]
lynx (de)	lince (m)	['linθe]
coyote (de)	coyote (m)	[ko'jote]
jakhals (de)	chacal (m)	[ʧa'kalʲ]
hyena (de)	hiena (f)	['jena]

dier (het)	animal (m)	[ani'malʲ]
beest (het)	bestia (f)	['bestia]
eekhoorn (de)	ardilla (f)	[ar'ðija]
egel (de)	erizo (m)	[e'riθo]
haas (de)	liebre (f)	['ljeβre]
konijn (het)	conejo (m)	[ko'neχo]
das (de)	tejón (m)	[te'χon]
wasbeer (de)	mapache (m)	[ma'paʧe]
hamster (de)	hámster (m)	['χamster]
marmot (de)	marmota (f)	[mar'mota]
mol (de)	topo (m)	['topo]
muis (de)	ratón (m)	[ra'ton]
rat (de)	rata (f)	['rata]
vleermuis (de)	murciélago (m)	[mur'θjelʲago]
hermelijn (de)	armiño (m)	[ar'minjo]
sabeldier (het)	cebellina (f)	[θeβe'jina]
marter (de)	marta (f)	['marta]
wezel (de)	comadreja (f)	[koma'ðreχa]
nerts (de)	visón (m)	[bi'son]

bever (de)	castor (m)	[kas'tor]
otter (de)	nutria (f)	['nutria]
paard (het)	caballo (m)	[ka'βajo]
eland (de)	alce (m)	['alⁱθe]
hert (het)	ciervo (m)	['θjerβo]
kameel (de)	camello (m)	[ka'mejo]
bizon (de)	bisonte (m)	[bi'sonte]
wisent (de)	uro (m)	['uro]
buffel (de)	búfalo (m)	['bufalⁱo]
zebra (de)	cebra (f)	['θeβra]
antilope (de)	antílope (m)	[an'tilⁱope]
ree (de)	corzo (m)	['korθo]
damhert (het)	gamo (m)	['gamo]
gems (de)	gamuza (f)	[ga'muθa]
everzwijn (het)	jabalí (m)	[χaβa'li]
walvis (de)	ballena (f)	[ba'jena]
rob (de)	foca (f)	['foka]
walrus (de)	morsa (f)	['morsa]
zeebeer (de)	oso (m) marino	['oso ma'rino]
dolfijn (de)	delfín (m)	[delⁱ'fin]
beer (de)	oso (m)	['oso]
ijsbeer (de)	oso (m) blanco	['oso 'blⁱaŋko]
panda (de)	panda (f)	['panda]
aap (de)	mono (m)	['mono]
chimpansee (de)	chimpancé (m)	[ʧimpan'se]
orang-oetan (de)	orangután (m)	[orangu'tan]
gorilla (de)	gorila (m)	[go'rilja]
makaak (de)	macaco (m)	[ma'kako]
gibbon (de)	gibón (m)	[χi'βon]
olifant (de)	elefante (m)	[ele'fante]
neushoorn (de)	rinoceronte (m)	[rinoθe'ronte]
giraffe (de)	jirafa (f)	[χi'rafa]
nijlpaard (het)	hipopótamo (m)	[ipo'potamo]
kangoeroe (de)	canguro (m)	[kan'guro]
koala (de)	koala (f)	[ko'alⁱa]
mangoest (de)	mangosta (f)	[man'gosta]
chinchilla (de)	chinchilla (f)	[ʧin'ʧija]
stinkdier (het)	mofeta (f)	[mo'feta]
stekelvarken (het)	espín (m)	[es'pin]

89. Huisdieren

poes (de)	gata (f)	['gata]
kater (de)	gato (m)	['gato]
hond (de)	perro (m)	['pero]

paard (het)	caballo (m)	[ka'βajo]
hengst (de)	garañón (m)	[gara'njon]
merrie (de)	yegua (f)	['jegua]

koe (de)	vaca (f)	['baka]
bul, stier (de)	toro (m)	['toro]
os (de)	buey (m)	[bu'ej]

schaap (het)	oveja (f)	[o'βeχa]
ram (de)	carnero (m)	[kar'nero]
geit (de)	cabra (f)	['kaβra]
bok (de)	cabrón (m)	[ka'βron]

| ezel (de) | asno (m) | ['asno] |
| muilezel (de) | mulo (m) | ['mulʲo] |

varken (het)	cerdo (m)	['θerðo]
biggetje (het)	cerdito (m)	[θer'ðito]
konijn (het)	conejo (m)	[ko'neχo]

| kip (de) | gallina (f) | [ga'jina] |
| haan (de) | gallo (m) | ['gajo] |

eend (de)	pato (m)	['pato]
woerd (de)	ánade (m)	['anaðe]
gans (de)	ganso (m)	['ganso]

| kalkoen haan (de) | pavo (m) | ['paβo] |
| kalkoen (de) | pava (f) | ['paβa] |

huisdieren (mv.)	animales (m pl) domésticos	[ani'males do'mestikos]
tam (bijv. hamster)	domesticado (adj)	[domesti'kaðo]
temmen (tam maken)	domesticar (vt)	[domesti'kar]
fokken (bijv. paarden ~)	criar (vt)	[kri'ar]

boerderij (de)	granja (f)	['granχa]
gevogelte (het)	aves (f pl) de corral	['aβes de ko'ralʲ]
rundvee (het)	ganado (m)	[ga'njaðo]
kudde (de)	rebaño (m)	[re'βanjo]

paardenstal (de)	caballeriza (f)	[kaβaje'riθa]
zwijnenstal (de)	porqueriza (f)	[porke'riθa]
koeienstal (de)	vaquería (f)	[bake'ria]
konijnenhok (het)	conejal (m)	[kone'χalʲ]
kippenhok (het)	gallinero (m)	[gaji'nero]

90. Vogels

vogel (de)	pájaro (m)	['paχaro]
duif (de)	paloma (f)	[pa'lʲoma]
mus (de)	gorrión (m)	[gori'jon]
koolmees (de)	carbonero (m)	[karβo'nero]
ekster (de)	urraca (f)	[u'raka]
raaf (de)	cuervo (m)	[ku'erβo]

kraai (de)	corneja (f)	[kor'neχa]
kauw (de)	chova (f)	['ʧoβa]
roek (de)	grajo (m)	['graχo]
eend (de)	pato (m)	['pato]
gans (de)	ganso (m)	['ganso]
fazant (de)	faisán (m)	[faj'san]
arend (de)	águila (f)	['agilʲa]
havik (de)	azor (m)	[a'θor]
valk (de)	halcón (m)	[alʲ'kon]
gier (de)	buitre (m)	[bu'itre]
condor (de)	cóndor (m)	['kondor]
zwaan (de)	cisne (m)	['θisne]
kraanvogel (de)	grulla (f)	['gruja]
ooievaar (de)	cigüeña (f)	[θiyu'enja]
papegaai (de)	loro (m), papagayo (m)	['lʲoro], [papa'gajo]
kolibrie (de)	colibrí (m)	[koli'βri]
pauw (de)	pavo (m) real	['paβo re'alʲ]
struisvogel (de)	avestruz (m)	[aβes'truθ]
reiger (de)	garza (f)	['garθa]
flamingo (de)	flamenco (m)	[flʲa'meŋko]
pelikaan (de)	pelícano (m)	[pe'likano]
nachtegaal (de)	ruiseñor (m)	[ruise'njor]
zwaluw (de)	golondrina (f)	[golʲon'drina]
lijster (de)	tordo (m)	['torðo]
zanglijster (de)	zorzal (m)	[θor'θalʲ]
merel (de)	mirlo (m)	['mirlʲo]
gierzwaluw (de)	vencejo (m)	[ben'θeχo]
leeuwerik (de)	alondra (f)	[a'lʲondra]
kwartel (de)	codorniz (f)	[koðor'niθ]
specht (de)	pájaro carpintero (m)	['paχaro karpin'tero]
koekoek (de)	cuco (m)	['kuko]
uil (de)	lechuza (f)	[le'ʧuθa]
oehoe (de)	búho (m)	['buo]
auerhoen (het)	urogallo (m)	[uro'gajo]
korhoen (het)	gallo lira (m)	['gajo 'lira]
patrijs (de)	perdiz (f)	[per'ðiθ]
spreeuw (de)	estornino (m)	[estor'nino]
kanarie (de)	canario (m)	[ka'nario]
hazelhoen (het)	ortega (f)	[or'tega]
vink (de)	pinzón (m)	[pin'θon]
goudvink (de)	camachuelo (m)	[kamaʧu'elʲo]
meeuw (de)	gaviota (f)	[ga'βjota]
albatros (de)	albatros (m)	[alʲ'βatros]
pinguïn (de)	pingüino (m)	[pingu'ino]

91. Vis. Zeedieren

brasem (de)	brema (f)	['brema]
karper (de)	carpa (f)	['karpa]
baars (de)	perca (f)	['perka]
meerval (de)	siluro (m)	[si'lʲuro]
snoek (de)	lucio (m)	['lʲuθio]
zalm (de)	salmón (m)	[salʲ'mon]
steur (de)	esturión (m)	[estu'rjon]
haring (de)	arenque (m)	[a'reŋke]
atlantische zalm (de)	salmón (m) del Atlántico	[salʲ'mon delʲ at'lʲantiko]
makreel (de)	caballa (f)	[ka'βaja]
platvis (de)	lenguado (m)	[lengu'aðo]
snoekbaars (de)	lucioperca (f)	[lʲuθjo'perka]
kabeljauw (de)	bacalao (m)	[baka'lʲao]
tonijn (de)	atún (m)	[a'tun]
forel (de)	trucha (f)	['trutʃa]
paling (de)	anguila (f)	[an'gilʲa]
sidderrog (de)	raya (f) eléctrica	['raja e'lektrika]
murene (de)	morena (f)	[mo'rena]
piranha (de)	piraña (f)	[pi'ranja]
haai (de)	tiburón (m)	[tiβu'ron]
dolfijn (de)	delfín (m)	[delʲ'fin]
walvis (de)	ballena (f)	[ba'jena]
krab (de)	centolla (f)	[θen'toja]
kwal (de)	medusa (f)	[me'ðusa]
octopus (de)	pulpo (m)	['pulʲpo]
zeester (de)	estrella (f) de mar	[es'treja de mar]
zee-egel (de)	erizo (m) de mar	[e'riθo de mar]
zeepaardje (het)	caballito (m) de mar	[kaβa'jito de mar]
oester (de)	ostra (f)	['ostra]
garnaal (de)	camarón (m)	[kama'ron]
kreeft (de)	bogavante (m)	[boga'βante]
langoest (de)	langosta (f)	[lʲan'gosta]

92. Amfibieën. Reptielen

slang (de)	serpiente (f)	[ser'pjente]
giftig (slang)	venenoso (adj)	[bene'noso]
adder (de)	víbora (f)	['biβora]
cobra (de)	cobra (f)	['koβra]
python (de)	pitón (m)	[pi'ton]
boa (de)	boa (f)	['boa]
ringslang (de)	culebra (f)	[ku'leβra]

| ratelslang (de) | serpiente (m) de cascabel | [ser'pjente de kaska'βelʲ] |
| anaconda (de) | anaconda (f) | [ana'konda] |

hagedis (de)	lagarto (m)	[lʲa'garto]
leguaan (de)	iguana (f)	[igu'ana]
varaan (de)	varano (m)	[ba'rano]
salamander (de)	salamandra (f)	[salʲa'mandra]
kameleon (de)	camaleón (m)	[kamale'on]
schorpioen (de)	escorpión (m)	[eskorpi'on]

schildpad (de)	tortuga (f)	[tor'tuga]
kikker (de)	rana (f)	['rana]
pad (de)	sapo (m)	['sapo]
krokodil (de)	cocodrilo (m)	[koko'ðrilʲo]

93. Insecten

insect (het)	insecto (m)	[in'sekto]
vlinder (de)	mariposa (f)	[mari'posa]
mier (de)	hormiga (f)	[or'miga]
vlieg (de)	mosca (f)	['moska]
mug (de)	mosquito (m)	[mos'kito]
kever (de)	escarabajo (m)	[eskara'βaχo]

wesp (de)	avispa (f)	[a'βispa]
bij (de)	abeja (f)	[a'βeχa]
hommel (de)	abejorro (m)	[aβe'χoro]
horzel (de)	moscardón (m)	[moskar'ðon]

| spin (de) | araña (f) | [a'raɲa] |
| spinnenweb (het) | telaraña (f) | [telʲa'raɲa] |

libel (de)	libélula (f)	[li'βelʲulʲa]
sprinkhaan (de)	saltamontes (m)	[salʲta'montes]
nachtvlinder (de)	mariposa (f) nocturna	[mari'posa nok'turna]

kakkerlak (de)	cucaracha (f)	[kuka'ratʃa]
teek (de)	garrapata (f)	[gara'pata]
vlo (de)	pulga (f)	['pulʲga]
kriebelmug (de)	mosca (f) negra	['moska 'neɣra]

treksprinkhaan (de)	langosta (f)	[lʲan'gosta]
slak (de)	caracol (m)	[kara'kolʲ]
krekel (de)	grillo (m)	['grijo]
glimworm (de)	luciérnaga (f)	[lʲu'θjernaga]
lieveheersbeestje (het)	mariquita (f)	[mari'kita]
meikever (de)	sanjuanero (m)	[sanχwa'nero]

bloedzuiger (de)	sanguijuela (f)	[sangiχu'elʲa]
rups (de)	oruga (f)	[o'ruga]
aardworm (de)	lombriz (m) de tierra	[lom'briθ de 'tjera]
larve (de)	larva (f)	['lʲarβa]

FLORA

94. Bomen

boom (de)	árbol (m)	['arβolʲ]
loof- (abn)	foliáceo (adj)	[foli'aθeo]
dennen- (abn)	conífero (adj)	[ko'nifero]
groenblijvend (bn)	de hoja perenne	[de 'oχa pe'renne]
appelboom (de)	manzano (m)	[man'θano]
perenboom (de)	peral (m)	[pe'ralʲ]
zoete kers (de)	cerezo (m)	[θe'reθo]
zure kers (de)	guindo (m)	['gindo]
pruimelaar (de)	ciruelo (m)	[θiru'elʲo]
berk (de)	abedul (m)	[aβe'ðulʲ]
eik (de)	roble (m)	['roβle]
linde (de)	tilo (m)	['tilʲo]
esp (de)	pobo (m)	['poβo]
esdoorn (de)	arce (m)	['arθe]
spar (de)	pícea (f)	['piθea]
den (de)	pino (m)	['pino]
lariks (de)	alerce (m)	[a'lerθe]
zilverspar (de)	abeto (m)	[a'βeto]
ceder (de)	cedro (m)	['θeðro]
populier (de)	álamo (m)	['alʲamo]
lijsterbes (de)	serbal (m)	[ser'βalʲ]
wilg (de)	sauce (m)	['sauθe]
els (de)	aliso (m)	[a'liso]
beuk (de)	haya (f)	['aja]
iep (de)	olmo (m)	['olʲmo]
es (de)	fresno (m)	['fresno]
kastanje (de)	castaño (m)	[kas'tanjo]
magnolia (de)	magnolia (f)	[maɣ'nolia]
palm (de)	palmera (f)	[palʲ'mera]
cipres (de)	ciprés (m)	[θi'pres]
mangrove (de)	mangle (m)	['mangl]
baobab (apenbroodboom)	baobab (m)	[bao'βaβ]
eucalyptus (de)	eucalipto (m)	[euka'lipto]
mammoetboom (de)	secoya (f)	[se'koja]

95. Heesters

struik (de)	mata (f)	['mata]
heester (de)	arbusto (m)	[ar'βusto]

wijnstok (de)	vid (f)	[bið]
wijngaard (de)	viñedo (m)	[bi'njeðo]

frambozenstruik (de)	frambueso (m)	[frambu'eso]
zwarte bes (de)	grosellero (m) negro	[grose'jero 'neɣro]
rode bessenstruik (de)	grosellero (m) rojo	[grose'jero 'roχo]
kruisbessenstruik (de)	grosellero (m) espinoso	[grose'jero espi'noso]

acacia (de)	acacia (f)	[a'kaθia]
zuurbes (de)	berberís (m)	[berβe'ris]
jasmijn (de)	jazmín (m)	[χaθ'min]

jeneverbes (de)	enebro (m)	[e'neβro]
rozenstruik (de)	rosal (m)	[ro'salʲ]
hondsroos (de)	escaramujo (m)	[eskara'muχo]

96. Vruchten. Bessen

vrucht (de)	fruto (m)	['fruto]
vruchten (mv.)	frutos (m pl)	['frutos]
appel (de)	manzana (f)	[man'θana]
peer (de)	pera (f)	['pera]
pruim (de)	ciruela (f)	[θiru'elʲa]

aardbei (de)	fresa (f)	['fresa]
zure kers (de)	guinda (f)	['ginda]
zoete kers (de)	cereza (f)	[θe'reθa]
druif (de)	uva (f)	['uβa]

framboos (de)	frambuesa (f)	[frambu'esa]
zwarte bes (de)	grosella (f) negra	[gro'seja 'neɣra]
rode bes (de)	grosella (f) roja	[gro'seja 'roχa]
kruisbes (de)	grosella (f) espinosa	[gro'seja espi'nosa]
veenbes (de)	arándano (m) agrio	[a'randano 'aɣrio]

sinaasappel (de)	naranja (f)	[na'ranχa]
mandarijn (de)	mandarina (f)	[manda'rina]
ananas (de)	piña (f)	['pinja]

banaan (de)	banana (f)	[ba'nana]
dadel (de)	dátil (m)	['datilʲ]

citroen (de)	limón (m)	[li'mon]
abrikoos (de)	albaricoque (m)	[alʲβari'koke]
perzik (de)	melocotón (m)	[melʲoko'ton]

kiwi (de)	kiwi (m)	['kiwi]
grapefruit (de)	toronja (f)	[to'ronχa]

bes (de)	baya (f)	['baja]
bessen (mv.)	bayas (f pl)	['bajas]
vossenbes (de)	arándano (m) rojo	[a'randano 'roχo]
bosaardbei (de)	fresa (f) silvestre	['fresa silʲ'βestre]
blauwe bosbes (de)	arándano (m)	[a'randano]

97. Bloemen. Planten

bloem (de)	flor (f)	[fl'or]
boeket (het)	ramo (m) de flores	['ramo de 'fl'ores]
roos (de)	rosa (f)	['rosa]
tulp (de)	tulipán (m)	[tuli'pan]
anjer (de)	clavel (m)	[kl'a'βel']
gladiool (de)	gladiolo (m)	[gl'a'ðjol'o]
korenbloem (de)	aciano (m)	[a'θjano]
klokje (het)	campanilla (f)	[kampa'nija]
paardenbloem (de)	diente (m) de león	['djente de le'on]
kamille (de)	manzanilla (f)	[manθa'nija]
aloë (de)	áloe (m)	['al'oe]
cactus (de)	cacto (m)	['kakto]
ficus (de)	ficus (m)	['fikus]
lelie (de)	azucena (f)	[aθu'sena]
geranium (de)	geranio (m)	[χe'ranio]
hyacint (de)	jacinto (m)	[χa'θinto]
mimosa (de)	mimosa (f)	[mi'mosa]
narcis (de)	narciso (m)	[nar'θiso]
Oost-Indische kers (de)	capuchina (f)	[kapu'tʃina]
orchidee (de)	orquídea (f)	[or'kiðea]
pioenroos (de)	peonía (f)	[peo'nia]
viooltje (het)	violeta (f)	[bio'leta]
driekleurig viooltje (het)	trinitaria (f)	[trini'taria]
vergeet-mij-nietje (het)	nomeolvides (f)	[nomeol''βiðes]
madeliefje (het)	margarita (f)	[marga'rita]
papaver (de)	amapola (f)	[ama'pol'a]
hennep (de)	cáñamo (m)	['kanjamo]
munt (de)	menta (f)	['menta]
lelietje-van-dalen (het)	muguete (m)	[mu'gete]
sneeuwklokje (het)	campanilla (f) de las nieves	[kampa'nija de l'as 'njeβes]
brandnetel (de)	ortiga (f)	[or'tiga]
veldzuring (de)	acedera (f)	[aθe'ðera]
waterlelie (de)	nenúfar (m)	[ne'nufar]
varen (de)	helecho (m)	[e'letʃo]
korstmos (het)	liquen (m)	['liken]
oranjerie (de)	invernadero (m)	[imberna'ðero]
gazon (het)	césped (m)	['θespeð]
bloemperk (het)	macizo (m) de flores	[ma'θiθo de 'fl'ores]
plant (de)	planta (f)	['pl'anta]
gras (het)	hierba (f)	['jerβa]
grasspriet (de)	hoja (f) de hierba	['oχa de 'jerβa]

blad (het)	**hoja** (f)	['oxa]
bloemblad (het)	**pétalo** (m)	['petaljo]
stengel (de)	**tallo** (m)	['tajo]
knol (de)	**tubérculo** (m)	[tu'βerkuljo]
scheut (de)	**retoño** (m)	[re'tonjo]
doorn (de)	**espina** (f)	[es'pina]
bloeien (ww)	**florecer** (vi)	[fljore'θer]
verwelken (ww)	**marchitarse** (vr)	[martʃi'tarse]
geur (de)	**olor** (m)	[o'ljor]
snijden (bijv. bloemen ~)	**cortar** (vt)	[kor'tar]
plukken (bloemen ~)	**coger** (vt)	[ko'xer]

98. Granen, graankorrels

graan (het)	**grano** (m)	['grano]
graangewassen (mv.)	**cereales** (m pl)	[θere'ales]
aar (de)	**espiga** (f)	[es'piga]
tarwe (de)	**trigo** (m)	['trigo]
rogge (de)	**centeno** (m)	[θen'teno]
haver (de)	**avena** (f)	[a'βena]
gierst (de)	**mijo** (m)	['mixo]
gerst (de)	**cebada** (f)	[θe'βaða]
maïs (de)	**maíz** (m)	[ma'iθ]
rijst (de)	**arroz** (m)	[a'roθ]
boekweit (de)	**alforfón** (m)	[aljfor'fon]
erwt (de)	**guisante** (m)	[gi'sante]
nierboon (de)	**fréjol** (m)	['frexolj]
soja (de)	**soya** (f)	['soja]
linze (de)	**lenteja** (f)	[len'texa]
bonen (mv.)	**habas** (f pl)	['aβas]

LANDEN VAN DE WERELD

99. Landen. Deel 1

Afghanistan (het)	**Afganistán** (m)	[afganis'tan]
Albanië (het)	**Albania** (f)	[alˈβania]
Argentinië (het)	**Argentina** (f)	[arχenˈtina]
Armenië (het)	**Armenia** (f)	[arˈmenia]
Australië (het)	**Australia** (f)	[ausˈtralia]
Azerbeidzjan (het)	**Azerbaiyán** (m)	[aθerβaˈjan]
Bahama's (mv.)	**Islas** (f pl) **Bahamas**	[ˈislas baˈamas]
Bangladesh (het)	**Bangladesh** (m)	[banglʲaˈðeʃ]
België (het)	**Bélgica** (f)	[ˈbelʲχika]
Bolivia (het)	**Bolivia** (f)	[boˈliβia]
Bosnië en Herzegovina (het)	**Bosnia y Herzegovina**	[ˈbosnia i herθeχoˈβina]
Brazilië (het)	**Brasil** (m)	[braˈsilʲ]
Bulgarije (het)	**Bulgaria** (f)	[bulˈgaria]
Cambodja (het)	**Camboya** (f)	[kamˈboja]
Canada (het)	**Canadá** (f)	[kanaˈða]
Chili (het)	**Chile** (m)	[ˈtʃile]
China (het)	**China** (f)	[ˈtʃina]
Colombia (het)	**Colombia** (f)	[koˈlʲombia]
Cuba (het)	**Cuba** (f)	[ˈkuβa]
Cyprus (het)	**Chipre** (m)	[ˈtʃipre]
Denemarken (het)	**Dinamarca** (f)	[dinaˈmarka]
Dominicaanse Republiek (de)	**República** (f) **Dominicana**	[reˈpuβlika domiˈnikana]
Duitsland (het)	**Alemania** (f)	[aleˈmania]
Ecuador (het)	**Ecuador** (m)	[ekuaˈðor]
Egypte (het)	**Egipto** (m)	[eˈχipto]
Engeland (het)	**Inglaterra** (f)	[inglʲaˈtera]
Estland (het)	**Estonia** (f)	[esˈtonia]
Finland (het)	**Finlandia** (f)	[finˈlʲandia]
Frankrijk (het)	**Francia** (f)	[ˈfranθia]
Frans-Polynesië	**Polinesia** (f) **Francesa**	[poliˈnesia franˈθesa]
Georgië (het)	**Georgia** (f)	[χeˈorχia]
Ghana (het)	**Ghana** (f)	[ˈgana]
Griekenland (het)	**Grecia** (f)	[ˈgreθia]
Groot-Brittannië (het)	**Gran Bretaña** (f)	[gram breˈtanja]
Haïti (het)	**Haití** (m)	[aiˈti]
Hongarije (het)	**Hungría** (f)	[unˈgria]
Ierland (het)	**Irlanda** (f)	[irˈlʲanda]
IJsland (het)	**Islandia** (f)	[isˈlʲandia]
India (het)	**India** (f)	[ˈindia]
Indonesië (het)	**Indonesia** (f)	[indoˈnesia]

Irak (het)	**Irak** (m)	[i'rak]
Iran (het)	**Irán** (m)	[i'ran]
Israël (het)	**Israel** (m)	[isra'elʲ]
Italië (het)	**Italia** (f)	[i'talia]

100. Landen. Deel 2

Jamaica (het)	**Jamaica** (f)	[χa'majka]
Japan (het)	**Japón** (m)	[χa'pon]
Jordanië (het)	**Jordania** (f)	[χor'ðania]
Kazakstan (het)	**Kazajstán** (m)	[kaθaχs'tan]
Kenia (het)	**Kenia** (f)	['kenia]
Kirgizië (het)	**Kirguizistán** (m)	[kirgiθis'tan]
Koeweit (het)	**Kuwait** (m)	[ku'wajt]

Kroatië (het)	**Croacia** (f)	[kro'aθia]
Laos (het)	**Laos** (m)	[lʲa'os]
Letland (het)	**Letonia** (f)	[le'tonia]
Libanon (het)	**Líbano** (m)	['liβano]
Libië (het)	**Libia** (f)	['liβia]
Liechtenstein (het)	**Liechtenstein** (m)	[leχten'stejn]
Litouwen (het)	**Lituania** (f)	[litu'ania]

Luxemburg (het)	**Luxemburgo** (m)	[lʲuksem'burgo]
Macedonië (het)	**Macedonia**	[maθe'ðonja]
Madagaskar (het)	**Madagascar** (m)	[maðagas'kar]
Maleisië (het)	**Malasia** (f)	[ma'lʲasia]
Malta (het)	**Malta** (f)	['malʲta]
Marokko (het)	**Marruecos** (m)	[maru'ekos]
Mexico (het)	**Méjico** (m)	['meχiko]

Moldavië (het)	**Moldavia** (f)	[molʲ'ðaβia]
Monaco (het)	**Mónaco** (m)	['monako]
Mongolië (het)	**Mongolia** (f)	[mon'golia]
Montenegro (het)	**Montenegro** (m)	[monte'neɣro]
Myanmar (het)	**Myanmar** (m)	[mjan'mar]
Namibië (het)	**Namibia** (f)	[na'miβia]
Nederland (het)	**Países Bajos** (m pl)	[pa'ises 'baχos]

Nepal (het)	**Nepal** (m)	[ne'palʲ]
Nieuw-Zeeland (het)	**Nueva Zelanda** (f)	[nu'eβa θe'lʲanda]
Noord-Korea (het)	**Corea** (f) **del Norte**	[ko'rea delʲ 'norte]
Noorwegen (het)	**Noruega** (f)	[noru'ega]
Oekraïne (het)	**Ucrania** (f)	[u'krania]
Oezbekistan (het)	**Uzbekistán** (m)	[uθbekis'tan]
Oostenrijk (het)	**Austria** (f)	['austria]

101. Landen. Deel 3

Pakistan (het)	**Pakistán** (m)	[pakis'tan]
Palestijnse autonomie (de)	**Palestina** (f)	[pales'tina]
Panama (het)	**Panamá** (f)	[pana'ma]

Paraguay (het)	**Paraguay** (m)	[paragu'aj]
Peru (het)	**Perú** (m)	[pe'ru]
Polen (het)	**Polonia** (f)	[po'lʲonia]
Portugal (het)	**Portugal** (m)	[portu'galʲ]
Roemenië (het)	**Rumania** (f)	[ru'mania]
Rusland (het)	**Rusia** (f)	['rusia]
Saoedi-Arabië (het)	**Arabia** (f) **Saudita**	[a'raβia sau'ðita]
Schotland (het)	**Escocia** (f)	[es'koθia]
Senegal (het)	**Senegal** (m)	[sene'galʲ]
Servië (het)	**Serbia** (f)	['serβia]
Slovenië (het)	**Eslovenia**	[eslʲo'βenia]
Slowakije (het)	**Eslovaquia** (f)	[eslʲo'βakia]
Spanje (het)	**España** (f)	[es'panja]
Suriname (het)	**Surinam** (m)	[suri'nam]
Syrië (het)	**Siria** (f)	['siria]
Tadzjikistan (het)	**Tayikistán** (m)	[tajikis'tan]
Taiwan (het)	**Taiwán** (m)	[taj'wan]
Tanzania (het)	**Tanzania** (f)	[tan'θania]
Tasmanië (het)	**Tasmania** (f)	[tas'mania]
Thailand (het)	**Tailandia** (f)	[taj'lʲandia]
Tsjechië (het)	**Chequia** (f)	['tʃekia]
Tunesië (het)	**Túnez** (m)	['tuneθ]
Turkije (het)	**Turquía** (f)	[tur'kia]
Turkmenistan (het)	**Turkmenistán** (m)	[turkmenis'tan]
Uruguay (het)	**Uruguay** (m)	[urugu'aj]
Vaticaanstad (de)	**Vaticano** (m)	[bati'kano]
Venezuela (het)	**Venezuela** (f)	[beneθu'elʲa]
Verenigde Arabische Emiraten	**Emiratos** (m pl) **Árabes Unidos**	[emi'rates 'araβes u'niðos]
Verenigde Staten van Amerika	**Estados Unidos de América** (m pl)	[es'tados u'niðos de a'merika]
Vietnam (het)	**Vietnam** (m)	[bjet'nam]
Wit-Rusland (het)	**Bielorrusia** (f)	[bjelʲo'rusia]
Zanzibar (het)	**Zanzíbar** (m)	[θan'θiβar]
Zuid-Afrika (het)	**República** (f) **Sudafricana**	[re'puβlika suð·afri'kana]
Zuid-Korea (het)	**Corea** (f) **del Sur**	[ko'rea delʲ sur]
Zweden (het)	**Suecia** (f)	[su'eθia]
Zwitserland (het)	**Suiza** (f)	[su'isa]

www.ingramcontent.com/pod-product-compliance
Lightning Source LLC
Chambersburg PA
CBHW070822050426
42452CB00011B/2143